你的名字，不止是
全职妈妈

马 威 著

上海文艺出版社

目 录

序 / 共情的冰斧
一个人类学学者和她的全职妈妈朋友们 …… 1

模糊的"无定论"状态 …… 1
"我是谁"的认同之路 …… 3
人类学学者与全职妈妈 …… 5
你我之间,动情的观察者 …… 9

成为全职妈妈
听不到那些质疑的声音吗? …… 1

全职妈妈?难道还有兼职的妈妈? …… 3
新阶层的兴起 …… 4
"全职妈妈"的热议,往往指向的是无奈和焦虑的情绪 …… 6
"跳桥胖子"的假设——你为什么选择做全职妈妈? …… 8
如果付出与回报并没有因果律 …… 11
职业身份的告别,失去的仅仅是头衔吗 …… 13
两代女性的命运分岔 …… 14
家庭主妇是"女子半边天"的对立面吗 …… 16
女性抉择意味着人生成本的付出 …… 19
碰撞:那些现实的坚硬与柔软 …… 21

2 无法衡重的操持
时间贫困和无薪劳动，当代的西西弗斯 …… 29

"一尘不染的家就是我的战利品" …… 31
无限劳动就像时间粉碎机 …… 40
没有逻辑，无法成为故事讲述主题的家务 …… 43
人类漫长的"女人喂养家庭史" …… 46
离群索居的家务劳动 …… 49
"无薪"劳动 …… 53

3 密集母职压力，有没有解绑的可能？
养育者变成"产品经理"，无处不在的竞争 …… 59

你自主选择成为妈妈的吗？ …… 61
抑郁和迷失，全职妈妈的第一道坎，怎么渡过？ …… 63
抑郁亲历：无边无际的漆黑 …… 64
无奈回归，没有选择的选择 …… 69
被锤进妈妈的模板，忍成内伤 …… 71
育儿变成KPI，承担起家庭乃至家族阶层保卫战的重担 …… 73
那些爆款微信公号里，孩子是"优秀产品"，妈妈做"产品经理" …… 76
母亲高投入是孩子优秀的必然因素？ …… 79
养育一个孩子需要一个"村庄"，放下密集育儿的执念 …… 82

富裕的穷女人
全职妈妈的家庭政治经济学 …… 85

女性也有可能是狩猎者 …… 87
不在职业体系之内,就没有市场薪酬 …… 90
全职妈妈"讨薪之旅" …… 91
"抹茶冰激凌",这一口吃得到还是吃不到,关乎尊严 …… 97
探索与"醒来",要不要做"当代娜拉" …… 102
"最小的合伙制股份公司" …… 110
摇晃的"巢穴",回到泥土之上 …… 113

为爱而婚之后呢?
谁会不需要亲密关系的给养? …… 119

这就是幸福的模样啊 …… 121
爱的代价现实版 …… 126
减肥风波:一件小事的执著,是为了赢回自己 …… 129
如果主权匮乏,怎样固守边界? …… 132
先平等再谈爱 …… 134
能否抽身于婚姻之外看婚姻 …… 137
暂时的逃逸:西方有四天的廊桥遗梦,东方有午后三点的昼颜 …… 139

退无可退，阁楼上的"疯女人"
情绪困境，你为什么"杀死"了一部分的自己？ …… 149

情绪不说谎 …… 151
"脑海里的橡皮擦"大脑的早衰信号 …… 154
"背锅侠"的愤怒与郁闷 …… 156
"赞美对我来说是奢侈品" …… 158
孤独者的大脑成像 …… 160
奇奇怪怪的"疯"女人们，只是文学作品形象吗？ …… 163
灯塔型女性与当下的女德鼓励，异曲同工 …… 165
失语的完美主妇 …… 167
以"疯"取胜，找回的自我 …… 172
逆皮格马利翁效应 …… 178

"女为悦己者容"
取悦自己，是全职妈妈找回自我的重要一步 …… 181

美就行了，一次视觉派对的意义 …… 183
美，本身就是一种祝福 …… 190
实用价值优先？ …… 192
妇好，被称颂的力与美 …… 193
进入家庭后，无法再拥有真实的"被看见" …… 195
追求美，是进入一种束缚还是获得解放？ …… 199

身体与爱欲
亲密关系最真实的部分,无法伪装 …… 203

"阅读"男人,讨论成年人的情爱 …… 205
性与爱,婚姻真实状态的试金石 …… 208
靠爱活着的我们,纯净的性爱是一种本能 …… 213
性爱需求的生理机制 …… 215
性生活与性服务,不平等,无欢爱 …… 217
性是一个爱的过程,但如果性只是手段 …… 221
女德中的性禁忌 …… 223

寻找回来的自我
我是谁,我来决定 …… 227

全职妈妈/烘焙师 …… 229
用烘焙起跳的新人生 …… 232
可以掌控的满足感和收获的甜蜜感 …… 236
全职妈妈/讲师 …… 238
从"自助"到"助人" …… 241
全职妈妈/写作者 …… 243
文字构筑的世界 …… 246
谁都有选择的权利和自由 …… 250
因抱团而闪烁的生命光芒 …… 252
尾　声 …… 258

序：共情的冰斧

一个人类学学者和她的全职妈妈朋友们

模糊的"无定论"状态

四年前"三八"节当天，我参加了社区举办的插花活动，到了现场我才知道，这次活动承办方是"童府妈妈学社"，一个社会企业性质的社会组织，对于这个组织我有所耳闻，知道其成员拥有一个共同的身份——"全职妈妈"，就这样，我与组织负责人文丽女士相识，结下了日后撰写本书的缘分。

刚刚接触，文丽就向我咨询，作为一家社会组织如何定位，如何申请项目以及如何申请资金。我明白了她的意思，其实她就是想咨询作为一家社会企业该如何生存。

为了组织"求生"，文丽找寻过很多机会，但是也多次碰壁，文丽曾经联系当地妇联，作为挂靠单位，但是妇联负责人回应，她们或者助力企业女工权利保护，或者支持社区待就业妇女，或者援助遭受家暴的妇女。全职妈妈们，既不是女工，也不是失业妇女，更算不上遭受家庭暴力的女性，在妇联所框定的支持范围内，全职妈妈都擦身而过。

在争取项目支持时，文丽经常会听到人们的质疑：

"老公收入高才全职得起，都是有钱人还跟我们抢资源？"

"有时间去申报项目为啥不回去上班呢？"

四年前，在武汉这座二线城市，人们对于全职妈妈这个群体的包容度非常有限，大多数人都将全职妈妈等同于"不愿意上班""娇气"，全职妈妈一旦在聊天中暴露了自己的"身份"，就很有可能迎来一拨"劝上班"的热议。而在女性群体中，全职妈妈会获得广泛支持吗？并不。

职场妈妈很难与全职妈妈产生共鸣，对于背负事业与家庭双重担子的女人们，她们对全职妈妈怀有羡慕与鄙薄的复杂感情。

未进入婚姻的女性更难与全职妈妈产生共鸣，对于她们而言，生活的画卷正在徐徐展开，积累多年的"资本"正在等待变现，她们无法接受全职妈妈们所呈现的"未来"，没有传统意义上的稳定工作，没有固定收入，没有前途。

甚至，遭受着家庭变故的女性们对于全职妈妈也不太友好。

我指导的学生在区妇联"反家暴中心"实习，期间，她整理了三十几份由于家庭暴力而寻求妇联支持的女性笔录文件，其中不乏这样的话："我又不是没有收入在家带孩子的家庭妇女，他（老公）凭什么这样对我？！"隐含的意思不言而喻，表述者认为自己作为有收入的职业女性，老公不应该家暴，但是，如果自己是没有收入的全职妈妈，那么老公"家暴"就有了"合理性"。

网络上对于全职妈妈群体的声音就更加不友好，如个别激进的"女权主义"者，将全职妈妈群体称为"婚驴"。这个称谓固然表达了两性关系中男性对于女性的剥夺与压迫，但是这个称呼本身所侮辱的无疑是女性，加重了对弱者的暴力，那些正在遭受婚姻不幸的全职妈妈在网上倾诉和寻求帮助时，得到的回应却不乏"咎由自取"式的凌辱。这些观念和说法本质上是拒绝共情的"弱者有罪"论，折射出这些所谓"不婚主义者"的冷漠。

无论在职业分类体系，还是在公众舆论氛围，全职妈妈仍然处于"无定论"状态，她们是一群身份待定的人群。英国人类学家玛丽·道格拉斯（Mary Douglas）分析了人类思维结构中对于"模糊"的恐惧，人们容易接受明确分类的人或者事物，同样，人或者事物越能够被准确分类则越容易被接纳，很多文化排斥双性人，就是因为双性人的性别特征难以进行归类。人们也难以接受诸如蝙蝠等动物，也是源于它们特征介乎鸟与哺乳类动物之间。人类这种以分类为基础的思维特征也得到脑神经科学研究的支持，也就是说人们通过分类来建立认知结构，通过结构来认识世界。一旦人们接触到无法分类的现象，就会引发系列的消极反应，"污名化""歧视""敌意""抗拒"都是消极反应的表现。我们现今社会习惯以职业身份来认知个体，根据职业定位来建立与个体的相处方式，身处于职业体系之外的全职妈妈容易引发人们的认知焦虑，从而招来了各种显性和隐形的"歧视"。

这种身份模糊的状态一方面使得社会很难判断她们的真实处境并且予以恰当的接纳；另一方面也容易导致全职妈妈们缺乏内在意义的支撑，陷入到自我认知的迷茫。内在意义是人进行自我整合的核心要素，只有觉察和发现内在意义才能推动人不断前进；内在意义也会增加人面对坎坷的韧性，让人们更容易建立心理调适机制，理解困难与压力，积极找寻应对的办法；内在意义还是回顾并获得人生满足感的基础，有了意义才能够搭建起安放自我人生第一层基石。

"我是谁"的认同之路

当问及"我是谁"的那一刻，我无法绕开自己作为"老师"的职业身份，讲授的一门门课程，撰写的一篇篇论文，送走的一拨拨学生，获得的些许赞誉，它们稳定地托起了我对自己的认知，影响着我如何看待自己，决定着我如何表达自己，甚至也会对未来我如何规划自己产生作用，这些都是构筑"我是谁"的要件。

而全职妈妈们呢，如果抛开职业身份，她们如何面对"我是谁"的命题？她们对于自我的意义锚定能够在多大程度上产生共鸣？

她们为了陪伴孩子的成长，为了支持丈夫的事业，为了营造家庭的氛围，为了减轻老人的负担……她们的意义都在于服务他人，而她们能够归属于自己的意义却越来越不足为外人道。

身份感与成就感的失落逐渐侵蚀了她们的自信，也影响了她们对于自我的完整认知。

文丽说："我们就关上家门知道自己是妻子，是妈妈，出了家门，经常会不知道自己是谁。"

她们安慰自己："这只是个过渡，孩子大了就找工作。"

有的只用原来的职业来称呼自己："我原来的工作是网页设计师。"

她们不能说自己是"家庭烹饪师""家庭教育工作者""家庭收纳师"，她们所擅长和为之自豪的一面很难博得大众认可。

美国著名的女性活动家伊丽莎白·凯迪·斯坦顿（Elizabeth Cady Stanton）说："没有什么比认同个人的自治权更能增添人的尊严感——承认依据个人的价值可以获得任何同等地位的权利。"学生通过成绩获得价值承认，职场女性通过收入获得价值承认，全职妈妈则很难获得客观价值承认，妈妈们总是面临让人尴尬的评价标准。不止一个妈妈抱怨说："所有事情做好了，没有人吭声，只要一件事情没做,肯定都会想到我。"她们不仅获得的可支配收入与付出难以对等,连得到的"夸奖"都不一定与付出成正比。她们缺乏整块的休闲时间,缺乏属于自己的空间,缺乏不被干扰的个人边界。就因为"没有工作",妈妈们几乎可以被随意差遣,谈"自治权"简直不要太奢侈。

考古学和古人类学研究都证实性别分野在人类史前社会并不凸显,虽然人类存在两性差异,但是制度并不去强化这种分别,在当时的很多社会中,人们并不会因为自己是男性就天然握有权力,掌握了进入公共领域的合法身份,女性也并非只能留在家中,被剥夺了接受教育和参与政治的权利。人类进入到文明阶段,父权制逐渐成为主导,男性不仅是公共领域的主角也是家庭单位的核心,几千年来,女性分散地存在于每一个男性主导的家庭,她们的想法、个性、习惯和希望都无法作为个体表达出来,她们分别地属于某一个男人,她们必须依附于某一个男性才能够生存。所以,虽然女性都面临着某种程度的匮乏,但是女性却很难以"群体"的身份充分实现自我的诉求。美国第一波、第二波的女性争取权利运动都出现了女性群体内部的纷争,她们来自不同阶层,不同的家庭背景,她们没有像男性那样长期在公共领域打拼和磨合的机会,她们难以形成高度共识以表述出绝大多数女性的心声,女性权利争取运动总是一波三折,困难重重。

人类学学者与全职妈妈

人类学传统总是将研究者的目光聚焦在边缘人群,学科建立之初，人类学家就追随着西方文明之外的土著居民开展调研，20世纪末，人类学家逐渐将目光投入到本土文化中间的边缘族群，如流浪者、单亲妈妈、困境儿童、留守乡村的老年群体……研究这些人群的目的并非猎奇，而是将他们不为人知的故事通过写作的方式表达出来，更多的作用是摘除贴在他们身上的标签，剔除人们对于他们的歧视，通过为其发声实现与主流社会的交流，同时，也是通过这样一种方式来为这些人群赋予他们本应享有的权利。在我国，人类学发展始终坚持着为边缘群体传达声音，推动对话，召唤赋能的立场。这个传统中包括费孝通的人口较少民族经济与社会发展研究，徐平的藏北牧区藏民生活研究，乔健的代表底层边缘群体的山西"乐户"研究，范可的闽粤疍民研究、张小军的中国北方城市的拆迁户与下岗工人研究、周大鸣的城中村与城市拾荒者研究，以及刘绍华的四川凉山社会问题研究等等。

关注女性话题无疑也与人类学关注边缘群体传统一脉相承。我国性别平等运动起步早，女性争取独立的主张很早就获得国家层面的支持，伴随社会主义改造而取得的女性解放成就远远领先于西方发达国家。进入21世纪，经济体制改革全面深化，我国社会结构也相应出现巨大变化，女性虽然在公共领域保持着相对的两性平等，而进入家庭领域，两性不平等的现象愈发凸显，女性在家务中投入更多的时间，男性参与育儿的时间越来越少，女性遭受着"母职惩罚"的现象更为普遍，不少女性承担生育养育责任的同时延迟甚至放弃了职业发展。正如学者钱岳引述美国马里兰大学性别社会学学者高迪谢德（Gold Schneider）和纽约大学学者波哈特（E. Bernhardt）在《性别革命》的文章中的研究："女性在公共领域赶超男性只是实现性别平等的前半部分，而男性平等地参与家庭生活是实现性别平等的后半部分，如果家庭领域改变缓慢，那么私领域的滞后终将阻碍公领域性别平等的实现。"

更加残酷的现实是，中国女性在家庭领域出现地位下降的同时，社会整体的性别不平等现象也愈发加剧。2019年，世界经济论坛发布《2020年全球性别差距报告》（*Global Gender Gap Report 2020*），在全球153个国家中，中国性别平等地位排名106位，属于不平等程度较高的国家之一。职场女性参与率较低，女性拥有的总资产数量较少，政治经济领域的领导者中女性占比也远远小于男性。

与全职妈妈接触的四年时间里，我明显感受到这些妈妈们在私领域所感受到"不公平""被剥夺""变成工具人"，其实都是我国性别不平等现象加剧的真实折射。人口统计数据表明，她们虽然没有得到正式命名，事实上她们的数量相当庞大，可以说已经形成了一个阶层。我们的社会发展离不开她们的无薪劳动，我们人口素质的提升也与她们的"密集化育儿"息息相关，然而，她们的声音总是微弱，她们的叙述也是琐碎，被家务和育儿淹没的人生几乎无故事而言，她们诉说出的大多是混杂着情绪的片段，而故事才是赋予声音魅力的主线。

英国著名社会学家安东尼·吉登斯（Anthony Giddens）说过："21世纪社会学会有长足的进步，这个进步最重要的动力之一就来自于曾经被忽略的人类的另一半人——女性开始说话，开始揭示她们的经验，当女性的知识进入社会学就会有更多的知识得以生产，性别社会学最重要的使命就是性别知识的生产，去揭示历史的、生活的真相。"

《82年生的金智英》《妻子们的思秋期》等作品是对于全职妈妈们生活的倾听与记述，记录本身就在表达诉求，一种包含着不满的倾诉和希望改变的要求。《妻子们的思秋期》中，作者斋藤茂男说："随着我对'妻子们'的采访不断深入，我听到了女性的诉求，这诉求里面包含着她们逐渐苏醒的独立意识，诉求的内核也不仅仅只与女性自身利益有关，对包括我在内的男性，也可以说对生活在这个时代的每一个人来说，都是至关重要的根本问题——那就是人应该怎样活着，以及让人活得有尊严的社会应该是什么样子。换言之，这件事不完全是女人的问题，也是男人的问题。但令我羞愧的是，如此简单的事情，我直到如今才恍然大悟。"

被隐藏的声音具有启迪式的能量，倾听与描述看似简单，却是逼近真实的开始，有关全职妈妈的描述不过在说明一个道理——"人与人是否能够抛开性别建立一种平等关系"，所以，这个话题不仅限于女性而且属于包括男性在内的人类全体。

我这本书要在记述的基础上再稍微前进一步，以全职妈妈们的个人表述为主体，通过人类学资料的并置，现代社会性别与性别制度的反省，反思和探索女性价值多元的可能性，来回应曾经坐在我对面的一位全职妈妈的小心质疑："难道我们女的就只能接受生娃带娃养娃的命运？"来回应我在一次活动中目睹一位全职妈妈流着眼泪发出的感慨："这个社会怎么对全职妈妈这么不友好。"

可能，我的这本书就要回答，女性可以身处更加包容的社会，女性可以拥有更多可能的选择，女性并不需要被某种命运绑缚。在我们这个社会之外，女性在一些文化中拥有着更大的权利，在一些文化中体验更为丰富的情感，在一些文化中享受着亲密不渝的同性友谊。我并非是"高贵野蛮人"的迷恋者，我并不希望我们放弃现有的文明成就回到部落社会，本书所呈现他者文化的目的都只是提醒"在性别的话题上，我们可以尝试更多"。我希望通过与他者文化的并置可以突破我们现有的思维框架，来探索出更加包容的性别平等。

你我之间，动情的观察者

通过童府学社的"链接"和我自己的私人关系，我先后访谈了33位全职妈妈，她们中年龄最大的露姐已经52岁，全职20年，最年轻的子金出生于1989年，才刚刚30出头，她们中绝大多数都接受过大专以上的良好教育，除了一位妈妈之外都有过职场经历，她们的家庭收入达到和基本达到了城市中产的程度，属于中国二线城市的"新社会阶层"。她们中超过一半来自这座中心城市之外的乡镇农村，她们来到城市发展立足，立业成家，折射出这座超大城市过去十几年来快速的经济发展和城市化进程。她们中的一部分已经完全实现了自我接纳，希望通过呈现自己的生活来让更多人了解全职妈妈群体；她们中的一部分仍然困惑，她们不知道当孩子长大了，自己能否还称呼自己为空巢的全职妈妈；而还有一部分则在努力支撑着这段时间，准备孩子一大马上找工作"上岸"，脱离全职妈妈的身份。

我无法准确计量与她们访谈的时间，四年来参与了她们很多活动，与她们一起阅读，一起郊游，一起探讨育儿的困惑，一起吐槽家庭的烦恼。我已经与她们中的好多人成为朋友。我在观察和访谈她们，她们也在观察和访谈我。在与这些妈妈们畅聊的过程中，我数次被她们的讲述情节感染，我递给讲述者纸巾的时候，也在不停擦拭着自己的眼泪。

古巴裔美国人类学家露丝·贝哈（Ruth Behar）在她的著作《动情的观察者：伤心人类学》（*The Vulnerable Observer: Anthropology that Breaks Your Heart*）一书中引述了卡夫卡的话"书应该成为凿开内心冰海的冰斧"。面对作为女性而注定要承受的种种艰难时，我们不能不动情，我不能不试着把这些故事写下来，使其变成打通人与人的坚冰而产生共情的冰斧。

这种过度代入式的角色有悖于学者价值中立，所以，这本书我并没有按照严肃的学术著作进行撰写，我只是想把这一群女性的经历撰写出来，将"默会的知识"整理叙述成为"公共的知识"，经历对于个体就是当下的体验，而经历对于群体而言被赋予共鸣的意义，她们的经历不仅会引发全职妈妈们的共鸣，也会引发更多女性的共鸣。如果你是无酬劳动的主要付出者，如果你需要承担育儿的KPI，如果你总是需要沉没各种成本去照顾家人，如果你总是感受到因为性的差异而导致了分工有别，待遇有别，那么，你肯定我和一样，会对她们的讲述产生共鸣，希望这一串串的共鸣能够引发社会些微的震颤，能够给予全职妈妈们一个安放自我的空间。

四年过去了，童府妈妈学社没有获得什么外部支持，但是一直在。她仍然没有严密的组织构架、科学的管理机制，成员也常常流动。有的妈妈因孩子长大选择再就业离开了童府；有的新手妈妈刚刚办理了辞职手续，加入了童府……因为有了这个小小的"组织"，妈妈们可以短暂地参加一下读书会，参加一次优势工作坊。她们可以走到一个家庭以外的地方，哪怕只有2—3个小时。至少，在这个时空，妈妈们可以专注地投入到属于自己的社交圈子，去分享故事和烦恼。我与她们接触的界面还在，我们之间的情感流动也在，一直在。

1

成为全职妈妈

听不到那些质疑的声音吗?

从更广阔的视角来看,正是因为女性在家庭里扮演主妇角色,把家里经营得很妥当,男人们才能在外心无旁骛地打拼,实现自己的事业抱负,甚至可以说,让全世界震惊的日本的高效生产力,以及快速的经济成长,都是以女人们难以描述的空虚和寂寞为代价,才一步步实现的。

如果继续无视妻子们的心声,难以预测前方等待着我们的会是什么危险。但此时,在我们肉眼不可见的地方,女性无意识表现出的巨大空虚感,已像警钟一样开始敲响。

——〔日〕斋藤茂男《妻子们的思秋期》

一个女孩降生了,不论她结婚抑或死亡,她已然离开这个家。

——印度谚语

全职妈妈？难道还有兼职的妈妈？

这本书关注的对象被称为"全职妈妈"，将"妈妈"与"职业"并列显得有点奇怪，有人曾反问过：难道还有兼职妈妈？所有的妈妈不都是全职吗？从母性的角度说，只要成为妈妈，就是百分百的。

综观人类历史，"职业"概念出现时人类已经进入到文明社会，但是"母亲"概念的出现则早于人类使用语言之前。女性生理构造决定了女性有着承担母亲角色的使命，这个使命推动着人类的历史进程，也塑造出女性不同于男性的生活节奏与思维方式。考古学和人类学的研究发现，由于照顾婴儿，成年女性活动半径少于男性；为了给婴儿提供稳定营养，女性擅长采集使食物来源更加稳定；为了降低婴儿生存风险，女性通过更多交流形成互助群体彼此帮忙照应；为了识别婴儿情绪，女性更擅长阅读表情，更擅长于情绪沟通。"母亲"角色沉淀在女性基因中代代传递，深刻影响到人类进化的方向。

一个在热带丛林里攀援高高树干的采蜜者，树下仰面而望的是她的几个孩子；一个伫立于海滩礁石上将手里的鱼矛甩进海里的渔民，背上裹着她的孩子；一个为冬季来临鞣制狸子皮毛准备用骨针缝制衣服的猎手，胸襟半敞，怀里吃奶的是个小宝贝……

任何一个女性，她都可能是个母亲，用"职业"来定义"妈妈"确实太显浅薄。

这个称呼出现于现代社会，对于人类历史而言非常"崭新"。

现代社会实现了普遍意义的社会分工，催生了"全民职业化"特点，职业帮助我们将教育投入进行转化以获取支持我们生活下去的资源。细究起来，"全职妈妈"中的"职"虽然表面上是指作为妈妈的职业，但是，更深一层意思是将这一群只做"妈妈"的女性与拥有其他职业的人进行对比，例如，职场男性和职场女性，"全职妈妈"的意思是全天候在家、专职照顾家庭和孩子、没有外出工作的女性，另一层意思还包括，"全职妈妈"没有家庭经济之外的收入来源，经济上依靠丈夫和其他家庭成员供养。按照现代社会逻辑，女人成为一位母亲后脱离现代职业分工体系，她的教育投入没有实现即时转化，她的生存资源间接通过丈夫从职场获得，为了使女性的经济获得合乎现代社会运行逻辑，"全职妈妈"或"全职主妇"的称呼才出现。

新阶层的兴起

多国人口数据呈现出一个规律，"全职妈妈"群体出现伴随着整个社会的现代化进程。明治维新将日本带入了现代国家轨道，二十世纪一二十年代，日本现代社会分工体系建立，对于女性而言，嫁给一个拥有中产收入的男子成为"全职妈妈"非常理想。1955年的统计资料表明，全职主妇家庭占所有家庭类型的74.9%，全职主妇俨然形成了社会阶层，拥有专属的文化生活方式与品位，孕育出独特的社会意识形态，对日本早期现代化进程产生重要影响。英国全职主妇普遍出现于中产阶级日益壮大的19世纪40年代，全职主妇阶层决定了中产阶级的家居风格和日常节奏，甚至日常饮食、穿着品位、休闲活动等都由全职主妇阶层来决定。美国日用品、家用电器市场导向主要取悦于全职太太。20世纪70年代英国人口统计中，成年劳动妇女中3/4是全职主妇，无论女性是否接受教育，都要接受一个事实——"进入家庭，当一位全职主妇"。

根据这一规律，20世纪90年代以来，我国现代化进程不断加深，社会分工成熟，城市中产阶级兴起，根据中国社科院2000年调查数据，按照家庭年人均可支配收入3000美元计算，中产阶级占人口总数3.5%，城市中产阶级占据城市人口比例的8%—12%。到了2019年，根据胡润研究院发布的《中国新中产圈层白皮书》报告，以家庭资产达到300万为标准的话，中国中产家庭达到了3320万户。全职主妇已经成为很多女性的选择，中国的全职主妇、全职妈妈成为新阶层。

在一二线城市，全职妈妈比重逐渐增加。上海市妇联和上海社科院社会学研究所依据2017年上海市调查而发布《改革开放40年女性发展调研报告》称，上海女性就业率呈现下降趋势，且分布不均，上海总体城镇女性就业率为40.3%，但有9个区该比重未达40%，其中最低仅为26.5%，已经低于日本、马来西亚等传统女性低就业率国家。这意味着有更多女性选择了做全职妈妈。

武汉市 2017 年末常住人口 1089.29 万人，就业人员共有 564.08 万人，其中女性为 267.37 万人，城镇单位就业人员为 219.9 万人，其中女性为 74.66 万人，占比 33.9%，与人口性别比存在很大差距，说明有很大一部分女性没有就业，也反映出我国全职妈妈是一个数量非常庞大的群体。

全职妈妈已经成为一个"新阶层"，一个新的社会现象。

"全职妈妈"的热议，往往指向的是无奈和焦虑的情绪

作为"中产阶级"标配的全职妈妈们，却并没有"中产阶级"自带的光环，追求高品质生活、追求享受人生的方式都并非推动女性回家育儿的主因。反而，社会很多关于"全职妈妈"的热议，都指向了一种无奈和焦虑的情绪，知乎上关于"全职妈妈"的帖子也劝退了许多梦想做"全职妈妈"的姑娘。

关于全职妈妈的讨论经常引发争议，屡上热搜：

全职妈妈家务劳动是否该获得补偿？

女性选择做全职妈妈是资源浪费吗？

全职妈妈到底对孩子成长有无助益？

全职妈妈回到职场到底有多难？

全职妈妈的价值感体现在哪里？

张桂梅校长创办了丽江华坪女子高级中学，把无数乡村女孩送到大学，昔日的一个学生前来探望张校长并想捐款助学，却因为大学毕业选择做全职妈妈而被张桂梅"逐出"门外。

张校长希望每一个女生都能以一个社会职业的身份实现价值，而这个女生让她失望。"全职妈妈门槛低，不需要学历教育"；"全职妈妈家务劳动平庸，缺乏意义"；"全职妈妈意味着只能围着家人转，没有价值"。全职妈妈们经常听到这些"声音"，暴露于人们的口舌之下，几乎失去了辩驳的勇气。

我所接触和访谈的全职妈妈们，大部分出生于20世纪80年代，她们接受过完整的义务教育，其中有一大半都接受过本科以上的高等教育，她们既履行了义务教育规划，也曾经埋头刷题、点灯鏖战，获得过深造的机会。

全职妈妈们在网上戏称自己当年也是才女一枚，所谓"上知天体运行原理，下知有机无机反应；前有椭圆双曲线，后有杂交生物圈；外可说英语，内可修古文；求得了数列，说得了马哲；溯源中华上下五千年，延推赤州陆海百千万；既知音乐美术计算机，兼修武术民俗老虎钳"。而现在，面对着满脑子神经元还没有搭建好的人类幼崽，只剩下满眼的奶瓶奶嘴尿不湿，满嘴的咿咿呀呀屎尿屁。以前费劲全部脑力背课文，解方程，现在的脑力却退化，儿歌念了五六遍还是要找书才能读给孩子听。

"跳桥胖子"的假设——你为什么选择做全职妈妈?

在韩国电影《82年生的金智英》中,金智英带着孩子跟很多职场人一起排队买咖啡的时候,因为照顾孩子手忙脚乱,引起了其他人不满,被称为"妈虫"——依赖丈夫顺势生活的"寄生虫"。这个细节引发了网络上的不少讨论。很明显,对全职妈妈的嘲讽和贬低是不客观不公平的,因为任何评判的前提应有充分假设,即人被赋予充分的权利,拥有足够多的选择,"她"凭借理智进行反复权衡,在众多可能中审慎判断,基于此,如果"她"做出了违背理性的选择,我们可以提建议甚至批评她,简单概括就是"有得选,则评判"。如果当事人往往不是凭借自由意志做出选择,而是被无数的"不得不"推至此地,如果人处于僵局全无选择,那么无论她最终处境是什么,立于旁人的位置指点对错,对她都很残忍。

美国伦理学家托马斯·卡思卡特(Thomas Cathcart)曾经虚拟了一个经典场景——"电车难题",引发了伦理学、法学、哲学等领域持续不歇的讨论,案例设置各种复杂条件以考验人们抉择背后的道德依据。

第一个场景中,你是电车司机。你的电车在轨道上以每小时 60 英里的速度飞驰前行,在轨道的尽头,你发现五个工人在轨道上工作,你尝试刹车,但是突然发现刹车失灵,你感到绝望，因为你知道——如果你冲向这五名工人，他们必死无疑，所以你感到很无助。这时候，你发现在轨道右侧有一条侧轨，并且只有一个工人在那条侧轨上工作，你的方向盘还能用，所以你可以把车转向，如果你愿意，转到侧轨，撞死这名工人，就可以挽救那边五个人，你是否会转向那条侧轨？

第二个场景中，你不是司机，而是旁观者，你站在桥上俯瞰轨道，这个时候，电车沿着轨道驶来，轨道尽头有五名工人在干活，电车刹车失灵，眼看要撞上这五名工人，你并不是司机，所以你以为自己无能为力。直到你看到，一位胖子倚靠在桥边，如果你推他一把，他掉落桥下，恰好可以将电车卡停，五个工人的生命得以挽救，但是，这位胖子必死无疑。你是否会将这个胖子推下去？

如果你的道德主张是将幸福最大化，你会选择牺牲一个救活大家，如果你认为所有人都有生存的权利，那么你有可能袖手旁观，尽管也许你会为后果心痛不已。

在第二个场景中，无论你推下还是不推下胖子，可能都会有人说三道四，推下胖子，你杀了一个无辜的人；而不推下胖子，五个生命同样白白死去。

我们还可以将这个困境继续推到极致，如果这五个人中有一个是你的亲人？有一个是你的丈夫？有一个是你的孩子？

在与妈妈们微信群的闲聊中，我曾经抛出过这个话题，家庭就是行驶在轨道上的电车，五个人就是现实的困境，无论是哪种情况，你都要面临一种类型的牺牲。

晟兰第一个回应："我就是那个胖子。我自己跳下来。"

方菲跟着+1，"我也是那个胖子"。

鲍菁+2"跳桥胖子"。

秋子+3"跳桥胖子"。

我打出了一个"狂笑"的表情包。

"跳桥胖子"就是妈妈们真实遭遇。

道德家们站在不同角度，设想各种可能，唯独忘记代入到可能"自我牺牲"的胖子。如果我推下胖子，我们可能被指责为证据确凿的谋杀；如果我们没有推下胖子，也会被视为冷漠的袖手旁观，但是，我们自跳高桥，纾困解难，难道这个也要被指责吗？

回到我所了解的全职妈妈群体，选择对于她们而言非常稀缺，绝大多数全职妈妈在回溯自己过往时总会遭遇到一个结点。这个结点被很多困境缠绕，父母年纪大了，孩子生病，老公项目外派在外地，部门经理不允许请假，公司搬到江北，通勤要三个小时……有的关乎奖、惩、去、留，有的关乎生、老、病、死。

当然，有的纠结也关于孩子，他是否能获得高质量的陪伴，她是否能在0—3岁阶段获得全面发展，他能否建立健康的母婴联结以获得强大的心理起点，她能否每天吃上妈妈亲手做的营养三餐。

所有的一切——摆放在妈妈们面前，只有作为"妈妈"的你，抽身于职场，回归于家庭，放下所有社会身份，成为解决家庭一切难题的"胖子"。

我所接触到的这些妈妈们,她们没有一个躲避职场的重重挑战,也没有一个推卸需要提升学习的压力,她们沉没了自己多年投入的教育成本,也沉没了多年积累的人脉资源,她们从职场的风景回到育儿的泥泞,我看到的只有牺牲。只要养育过一个婴儿,你肯定知道,看护完全不能自理的婴儿难度堪比996,而让一个厌学的孩子拿出像样的成绩难度也超过完成魔鬼KPI。

如果付出与回报并没有因果律

辞职回归家庭前,吴莉事业做得风生水起。她本科中文专业,毕业后从事编辑工作,为了获得职业上升机会,吴莉通过了BEC考试,拿到商务英语高级证书,进入一家外资企业做高级文员,事业上摸爬滚打,时间金钱的转化效率超高,2014年,吴莉获得了去汉口总部上班的资格。但是,孩子却没有像她预想的那样:

"那个时候我儿子上五年级,一上五年级的时候我就发现,其实四年级下学期的时候我就发现了一些现象。一个母亲怎么可能会对自己的孩子没有期待呢,我对他的期待比如说是要他成为一个阳光、热情开朗、开心活泼的孩子,你希望一切美好的性格都在他身上,不喜欢他哭,觉得那是不成熟的表现,不许他不说话,希望能与我沟通,不允许他怎样怎样。我有很多希望也有很多不允许，所以作为一个孩子，我后来觉得这个他是没法整合这些特点的，所以他其实是在我的要求下被压抑了。他五年级进入青春期的前端了，他是想要挣脱一些，却没法表达出来，然后我发现我的期待全部变成了反面。他是一个多愁善感的孩子，易怒，容易委屈地哭，很多时候不愿意和我说话。我所有要求他不应该有的缺点，他都有，而我所有期待的一面都走向了反面。我醒悟这一点的时候，不是焦虑而是难过。我放弃了工作，转变了努力的方向和目的，可我努力之后的结果却不是我想要的。那要不就是我的目标错了，要不就是我的方法错了。我想我的目标没有错，每个母亲都会有这样的期待，那就是方法出错了，我就去寻找方法。"

吴莉回到家中，与孩子的关系也并没有立即缓解，她不停地看书，找方法，希望能够有一个教育孩子的完美方案。

但是，现实情况是，即使这些妈妈回到家庭，并没有百分之百把握孩子可以按照自己的预期发展。往往事与愿违，妈妈辞掉工作，回到家庭，全身心投入到对孩子的教育中，给孩子造成更大的压力。吴莉辞职后，儿子从叛逆到抑郁，2016年初，医院给儿子做出了中度抑郁的诊断。有些妈妈面对自己的孩子，手足无措，不知道如何应对和改变，"感觉始终处在一个封闭的状态，自己是孤军奋战的士兵，马上要被孩子打倒了"。吴莉无比绝望，就在这个阶段，吴莉与丈夫的关系也接近破裂，"他认为我回家了，家里所有一切都由我负责，儿子的抑郁我要承担百分之百的责任"。是的，作为那个胖子的吴莉跳下去了，然后呢，除了自己粉身碎骨，似乎也没有挽救到她想去救的人。

职业身份的告别，失去的仅仅是头衔吗

回归家庭之前，高翎与老公打拼十七年，共同创办了一家物业企业，从内部管理到人事统筹，从商业竞标到财务运行，高翎无不拼尽全力。公司起步时，人手不够，高翎几乎每天都睡在公司，跟随多年的员工都清楚"高总"的付出。

企业走上正轨，高翎怀了第三胎，高龄产妇加上老公支持，高翎爽快地退出公司，全职在家。

"回家也是操心，小的那个上初中，肚子里又一个，没有觉得回家在休息，反而更忙。"回忆刚刚回家的时候，高翎并没有感到轻松。

大概在家全职了一年，社区进行人口登记，丈夫的职业是董事长，大儿子的职业是健身教练，女儿是学生，而自己呢？面对社区工作人员递过来的表格，高翎突然有点迟疑，最终只能在"未就业"一栏中打下了对勾，社区的干部还热情地跟高翎说："你看有时间可以到我们这里开'未就业证明'，然后可以去市民中心办一个'就业失业登记证'，后面有相关的政策也通知你。"

高翎说："那个'未就业'其实还是挺戳我的，就是失

业啊,我想想自己的能力又强,经验也丰富,家里的事情从早忙到晚,可是,这个'失业'两个字就定性了,我就是没有收入来源也没做出社会贡献的人。"

填完表后,高翎心情一直都调整不过来,她觉得自己从学校毕业到现在,始终没有停止过劳动,但是为什么在职业界定上没有自己的位置。这种失落影响到伴随着她到现在的自信,她回忆从公司退回到家里,独立的办公室没有了,工牌没有了,"高总"这个称呼也没有了,没有开会竖立在桌子前面的牌签,没有报表需要她签字,没有培训等待她的致辞。老公回家来也只关心老三今天干了什么、孩子们成绩怎么样,很少再跟她讨论公司的业务,她从 somebody 一下子就到了 nobody,一个缺乏自信的高翎对自己感到分外陌生。

两代女性的命运分岔

高翎说起了自己的母亲,一个在国营企业上班的女性,她与母亲两代人浓缩了新中国成立后劳动妇女的真实经历。

我妈出生在 1958 年,当时,我姥姥村子里已经全面合作化,建立了生产公社,农民成为社员,早上要集体出工,晚上要集体放工。我姥姥参加公社劳动,每天顾不上家里,我妈五岁前是跟着她的姥姥过,要说起留守儿童,我妈比我还早一代人。我姥爷重视孩子教育,虽然我妈是个女娃,还是坚持让我妈上完了初中，并且入了党。1976年，政府安排工作，我妈到了县城，在氮肥厂工作，工种是分析工，也就是化验员。当时我不知道我妈在做什么，后来我妈写了一篇回忆录，我才知道，她的工作岗位很辛苦，也很危险，氮肥特点就是易燃易爆易中毒，我妈在工作中多次一氧化碳中毒，所幸命大，没有留下后遗症。

我妈工厂不允许带孩子上班，也没有托儿所，所以婚后一直住在婆家。生了我姐后，我妈在奶奶家坐月子，我姐就放在奶奶家抚养。我是第二个孩子，当时的计划生育政策是允许二胎，杜绝三胎，我奶奶思想保守，怕我妈后面不能生育出男孩，担心绝后，就恶待我妈，我妈被迫只能回到厂里，在工厂边上借了一小间房子住下。因为工作关系，只能把我放在我姥姥家。我在姥姥家一直长到了16岁。后面，我妈又生了弟弟，这个计划外的孩子，让我妈吃了不少苦头，好在最后保住了工作。

在我的记忆中，与我妈相处的时间少之又少，我妈不是从班上赶回来吃一顿饭，看看我们，就是赶快要上班，"妈妈上班去"几乎是我小时候从我妈嘴里听到最多的话，我第一次吃我妈做的饭是我参加高考前。

不惜代价保住工作是那一代妇女的至高信念，为了保住工作，她们可以尽快缩短哺乳期，可以忍受与孩子分离，可以放弃陪伴孩子的时间，只要提到"上班"，孩子就只能乖乖地放弃纠缠，在家里等待妈妈回来。

无论是英美西方国家，还是日韩等亚洲国家，全职妈妈这个角色一直完整而连贯，从农业社会过渡到现代社会，这些国家的妇女总有一部分留守在家庭从事家务料理。这些国家人们的记忆里会有一位或几位在家中操劳的女性形象。对于儿子来说，一位持家的母亲让他对未来妻子产生期待；对于女儿来说，整日给全家人提供照料的母亲也许就是自己未来的影子。一代代家庭主妇形成了属于这个群体的行事节奏，有着同频的生活方式以及处世风格，她们拥有自己的文化圈子和社会规则。

家庭主妇是"女子半边天"的对立面吗

我们国家则比较特殊，建国后，我国施行了社会主义改造，职业劳动被社会广泛认可，家庭主妇就被视为"光荣"的反面，家庭主妇被划为"待就业人员"，或者是"就业困难人员"。这种分类系统延续了 1949 年以来对于城市居民的认知，它暗示着，"在家"不等同于"就业"。这种分类是 1949 年以来国家对于城市居民保障管理体系的延续。社会一直在家庭主妇们的管理服务方面存在空白，隐蔽地表达了"家庭主妇"劳动不被认可的社会现实。与此同时，从 20 世纪 50 年代到 90 年代，我国建立以单位体制来提供各种资源的保障体系，单位提供幼托、教育、医疗、住房、养老、助困等全方位保障，在大型国有企业，单位提供"从摇篮到坟墓"的全方位支撑。女性养育后顾之忧大部分被单位包办，"上班"代替了"婚姻"成为新中国成长起来第一代女性的首选目标。

所以，出生于20世纪40—50年代的女性很少选择做家庭主妇，她们的下一代一出生所接触到的是一位忙忙碌碌的母亲，一位视工作大于天的妈妈，她们缺乏对于家庭妇女的鲜活认知，我国很多人对于"家庭妇女"的记忆是断裂的。

大量反映新中国女性劳动者的光荣形象，一系列女性社会主义新人，无一不是社会主义事业的建设者，《今天我休息》中的邮局职员，《乘风破浪》中的女船员，《女篮五号》中的女篮运动员，《万紫千红总是春》中里弄加工厂里的女工群像等，《春满人间》中的汽车售票员，《钢铁世家》中的女炼钢工人等等。

不仅城市妇女纷纷走出家庭，进入到正式的企事业单位参加工作，有些妇女还被安排到街办小工厂去从事一些手工劳动。农村妇女也不例外，在农村接受集体化改造过程中，成为农业生产者——社员，跟农村男性一道赚取工分，年底一并进行货币或实物形式的劳动报酬结算。女性第一次可以通过参加公共劳动来获得价值承认，女性走出家庭，从集体中获得了"自我的身份"，这也是前所未有的新鲜体验。女性摆脱父权和夫权，通过自我劳动实现了社会认可，在访谈中，我反复听到全职妈妈们对于"经济基础决定上层建筑"的理解，她们发现自己地位变化都是从失去收入开始。这句话同样可以很直观地用来解释，当女性获得解放，成为独立赚取收入的劳动妇女，经济独立保障了其在家庭中享有与丈夫相对平等的地位。

我国妇女解放运动顺应时代潮流，跳过了靠自身群体去普遍争取的过程，这一点值得骄傲，而随着时代发展，我们发现，我国女性解放运动的起点是将女性作为劳动力从家庭的束缚中走出来，我们的赋权起点是让女性承担社会劳动，所以，另一方面，女性在家庭中所承担的劳动一直没有得到正式承认，在家庭中的工作仍然为无报酬劳动。现实情况往往是女性在从事职场工作之后，还要回到家中去从事家务、育儿等无报酬劳动。而且由于整个话语体系对于家庭劳动的贬低，使得女性在家庭中的付出也有意无意地被全社会所忽略。

我国具体的历史情况决定了，一方面劳动女性获得了前所未有的支持与承认，男女同工同酬，女性劳动者权益保障等方面都走在世界前列；另一方面，在家庭中从事家务劳动的女性得到的支持却极为匮乏，在国家的制度保障方面，全职妈妈始终没有获得实质上的政策支持。

全职妈妈对家庭的贡献不容忽视，在社会主义女性主义研究者们看来，家庭妇女间接地参与着社会劳动，她们的方式是提供了给予劳动力休息和恢复的支持。1972年，科斯塔说："家庭是经济社会劳动组织的柱石。"而家庭妇女对于劳动力的直接生产做出的贡献就更不用细说，劳动力数量增加、素质提高都离不开家庭妇女的贡献。

20世纪50年代，国家认识到，家庭妇女也在经济建设过程中发挥着重要作用。1957年8月19日,《人民日报》发表一篇评论:"对于从事主要家务劳动的妇女,应该动员她们管好家务,教养好子女,使自己的亲人安心工作。"在城市中,通过集体动员的形式掀起了一场动员全体妇女通过家务劳动来支援亲人,并以此来"建设社会主义"的运动。1957年1月14日,全国妇联书记处书记罗琼在妇女报刊工作座谈会上这样解释当时的"五好"活动:我们提倡"五好"的目的是提高家庭妇女的社会主义觉悟,启发家庭妇女的社会主义积极性,从家庭中支援亲人积极参加社会主义建设。

然而,与其他国家给予全职妈妈各种补贴相比,我国全职妈妈对于家庭成员的经济依附程度非常明显,社会地位要远低于其他行业女性。2000年和2005年的全国人口普查数据都表明,全职妈妈依靠家庭成员供养的比例超过90%,经济独立地当全职妈妈还是奢望。在社会保障方面,全职妈妈与职业妇女相比更少参加医疗保障与养老保障,2005年的数据显示,只有5.04%的家庭妇女参加了养老保险,一旦家庭发生任何变故,这些离异或丧偶的家庭妇女就很有可能失去经济来源,陷入孤单、贫困的境地。

女性抉择意味着人生成本的付出

现代社会建立在职业分工基础上,缺乏严格意义上的职业定位，缺乏在职业市场上的真正位置会导致女性地位降低。城市里日渐壮大的全职妈妈队伍标志着我国经济现代化的日趋繁荣，中产阶级家庭拥有财富愈加稳固，而真相却是，越来越多的女性回到家庭导致女性社会地位总体下降。

《中国妇女社会地位调查主要数据报告》（第三期）显示，与此前的调查相比，女性地位逐渐下降，尤其在个人资产拥有、收入水平、职业晋升机会等方面，均存在显著的性别差异，女性拥有房产（包括夫妻联名拥有）的占比为37.9%，男性比例则为67.1%，已婚女性中，自己名下有房产的占13.2%，与配偶联名拥有房产比例为28.0%，男性分别为51.7%和25.6%，未婚女性中有6.9%拥有自己名下房产，未婚男性为21.8%，女性拥有存款和机动车的比例均低于男性。女性遭遇到入职性别歧视、升职玻璃天花板等现象，私营企业让女员工签订诸如"怀孕就离职""产假放弃一切待遇"等"不平等"承诺，因为怀孕而被调岗、降职的女性比比皆是，女性明显地遭受着"母职惩罚"。而在家庭中，女性承担家务劳动投入时间远远高于男性，抚育孩子和照顾老人的责任也主要落在女性肩上。

通过报告我们就可以看出针对女性出现的一种强化现象：因为女性需要更多地承担家务劳动，所以职业发展就会受阻，而职业发展受阻则无意中强化了女性在权衡事业与家庭时将重心偏向于后者。一旦家庭需要人手承担家务和照料责任，女性往往就是"最佳"人选。女性留在家庭照顾家人，对于家庭整体利益而言实现了最优配置，但是，对于女性个体而言，她承受机会成本的损失，蒙受巨大的经济风险。学界对于家庭照顾者的性别研究发现，如果家庭中出现病人，那么提供照顾的基本都是女性。瑞士管理学教授亚奎斯·哈罗维兹（Jacques Horovitz）通过研究发现，为年老体弱父母提供照顾的女性人数比男性要多，妇女大概花费18年的时间照顾老年双亲，而男性大多只在家庭缺乏女性成员的时候才承担照顾工作。女性除了穿衣、饮食、洗澡、如厕等生活起居照料工作外，还会给被照顾者提供情感方面的支持抚慰，作为照顾者的女性付出经常性、密集性、情感性的投入。

一方面，女性会在各种因素综合下选择回归家庭，成为全职太太；另一方面，社会舆论却越来越倾向于"强者恒强""赚钱为王"的信念，一旦发生婚内不幸，全职妈妈也得不到应有的支持。

20世纪70年代和80年代出生的女性在面临职场和家庭之间的抉择时遭遇着更大的挑战。与美国等其他国家同等际遇的女性相比较，困扰她们的不仅是一个简单的决定，而且还意味着背后观念的撕扯。

碰撞：那些现实的坚硬与柔软

四年来，我陆陆续续与自称为"全职妈妈"的女性群体对聊，在其中，我听到过"孤独""无助""烦恼"，我应对过"难过""绝望""挣扎"，她们讲述生活过往，即使再平和的状态也仅仅是"知足"而非幸福。这些女性生活基本富足，受过良好的教育，她们的情绪也许在很多人听来都是无病呻吟，但是她们却时常感受到来自与虚空碰撞而产生的坚硬痛楚。

"这些疼痛那么真实，但是为什么我就没办法把它讲出来。"

"我每时每刻都觉得自己被消耗，但是消耗我的是什么，我却不知道。"

"我的生活里没有什么好事，也没有什么坏事，但是我为什么总是感到绝望。"

在整理这些访谈资料的时候，我一而再再而三地发出疑问：

"她们为什么都有着或浓或淡的忧愁？"

"她们明明知足为什么却并不开心？"

"为什么没有一位女人被幸福充盈？"

"难道只因为她们是女人吗？"

还是，另有原因？

法国女作家西蒙娜·德·波伏娃（Simone de Beauvoir）在《第二性》（*The Deuxième sexe*）中对男女两性的人生有着精辟的概括：

男人的极大幸运在于，他，不论在成年还是在小时候，必须踏上一条极为艰苦的道路，不过这是一条最可靠的道路；女人的不幸则在于被几乎不可抗拒的诱惑包围着；她不被要求奋发向上，只被鼓励滑下去到达极乐。当她发觉自己被海市蜃楼愚弄时，已经为时太晚，她的力量在失败的冒险中已被耗尽。

我们非常不情愿地将大千世界芸芸众生只按照性别就粗暴地分为两类，"男人"和"女人"，但是，触手可及的经验却屡屡将人推至两条道路。男人被赋予了重任，不管这个重任是什么，总之，他们必然要走出去，在社会的捶打中历练价值，实现自我。而女性呢，因为她与人类新生命的诞生有着绝对联系，她就注定要为"诞生"生命做好准备，她注定要寻找一方安稳，一处庇护，一个能守护孕育、安放幼雏的安乐窝。比起男性奋力拼搏，创造属于自己的价值不同，女性则总被鼓励学会等待，接受追求，克制住所有可能带给她挑战的欲望。男人要驯服的是全世界，女人要驯服的是她自己，她只要找到那个愿意提供"窝"的另一半就足够了。这就是女人被教导要滑下去的快乐，而一旦顺从"什么也不必做"，那么一切所谓的获得也都无法属于女人自己。她可能会突然在某一时间发现，意气风发的丈夫总是行色匆匆，豆蔻年华的孩子们也急不可待地找寻自己的世界，年轻时诱惑过她的幻想逐渐黯淡了颜色，闪闪发光的美好画面也失去了清晰的轮廓，从憧憬中惊醒的她，面对的可能是一处毫无生机的沼泽，她捕捉不到成就，把握不住收获。她不仅是丈夫的观众，孩子们的过客，甚至她也与自己无关！

我们整个社会，无论是代际历史的纵向，还是国外对比的横向，都普遍缺乏对全职妈妈的认识和支持，社会舆论没有形成对全职妈妈存在的共识，全职妈妈的家庭成就被视为"理所应当"，全职妈妈的烦恼被认为"无病呻吟"，缺少被社会接纳和理解的公共舆论平台。家庭中的另一半也大多认为，"女人在家中，那么家里的一切都可以交给她了"。而如果家里发生任何事情，都会引起全职妈妈的深刻自责。

各种影视作品、书籍乃至自媒体，凡是聚焦于全职妈妈这一群体则有意无意放大着她们的这种焦灼与无助，伴随着全职妈妈群体越来越庞大，她们的公众面貌却趋于呆板。这些媒体似乎赋予"全职妈妈"声音，而这些声音传达出来的却是单调到无聊的"焦虑""焦虑"和"焦虑"。

"其实，并不是这样。"在我访谈全职妈妈的过程中，每个人都讲述着自己的故事，每个人故事里都有着不同的精彩和落寞，也都有着与你我一样的轻松驾驭与拼命应对，有着不同的人生桥段，也有着相似的爱与哀愁。

每个人都会在某一个时刻对加之于全职妈妈的种种刻板舆论予以一个不同的展开：

"确实有的时候很失落，但也不是全部。"

"有的时候真的丧，不知道该咋办，但是……"

"（我的）状态也是起起伏伏。以前觉得很郁闷，但是……"

"失落"与"丧"都不出意外，我更愿意倾听的是"但是"之后的故事。

同样作为女性，同样作为母亲，同样作为妻子，我不想将脸谱化的模式套用到她们身上，我愿意去倾听，我相信只要她们讲述，故事必将精彩。

全职妈妈需要被聚焦，聚焦于她们每一刻不同状态的样貌；全职妈妈需要被倾听，听她们讲述一个纵贯女孩到女人完整线索的生命经历。

我接受过系统的人类学训练，也一直用人类学的视角去看待世界。人类学的使命就是拒绝刻板，拒绝对整个群体的单一想象，拒绝审视，人类学鼓励多声部，鼓励让更多的人参与述说，鼓励以尊重为前提的凝视。

人们普遍认为狩猎采集时代，远足狩猎工作由男人承担，人类学家发现位于菲律宾吕宋岛的埃塔人（Agta）女性才是优秀的猎人，她们不仅训练了猎狗，还能够结伴狩猎到大型猎物。

人们普遍认为婚姻能够为孩子提供合法性庇护，家庭亘古而永恒，伴随人类历史流传到今。人类学家则通过对母系氏族社会的研究发现男女婚配不过只是人类家庭制度设计的一种，摩梭人的非婚姻母系氏族家庭同样为孩子成长提供了良好的支持与庇护。

人们认为部落社会人人都是挣扎着勉强求生，女性个人生命全部耗费在生育和哺乳。人类学家则亲身参与到部落生活，聆听她们动人的情感史，呈现出她们泼辣的生命张力。

被人类学家的眼睛观照过的世界，不一定能形成通俗易懂的浅显道理，也一定不会有警示效果的宏大叙事，但是，人类学的叙述一定会让你觉得，"哦，原来她们不止如此。"人类学总是将人从康庄大路上引入一处幽径，通往深处的一定是摇曳多姿的野蛮花园。

自 20 世纪 80 年代开始，女性人类学者开始呼吁和倡导女性民族志写作。阿布-卢格特（Lila Abu-Lughod）在她的女性主义民族志中写道："由女性写就并且为女性而写的民族志可以看作是一种去发现独特的民族志研究和撰写方式的努力。"1986 年，她出版了第一部关于非洲北部贝都因人妇女的民族志——《面纱下的情感》（*Veiled Sentiments Honor and Poetry in a Bedouin Society*），在书的前半部分，阿布对贝都因 awlad 村寨进行了总体描述，这是一个由父权来主宰的社会，男性的地位永远高于女性，年轻人一定要服从长者，女性主要的活动空间就在家内，她们既没有公共空间可去，也没有任何公共权利可以使用。但是在后半部分，阿布则将她所搜集和记录的"诗歌"梳理并展示出来，很多诗歌是由女性即兴创作，她们按照韵律将它们诵读出来，并代代传承。在诗歌中，女性刻画出另外一种现实，一种情感的现实，也呈现了一种游离于现实，沉醉于美感的状态，擅长诗歌的女性得到荣耀，补偿了她们在父权社会被边缘化的处境。

我陆续翻检以全职妈妈为主题的系列作品，女性身处的时代感、可能性、韧劲与丰富性都没有得到很好的呈现，《坡道上的家》《妻子们的思秋期》呈现的故事太过压抑，《82 年生的金智英》则没有探索全职妈妈所拥有的韧性潜质，《醒来的女性》刻印着典型美国郊区"绝望主妇"的印记，《女性的奥秘》《第二性》选择与哲学家、心理学家进行对话，这是来自女性知识精英的思考，普通女性无从置喙。

我则想以文字为载体，记述中国二线城市全职妈妈们的多声部。走近她们开启了书写的序章，倾听她们构成书写的主体，与她们共创各种活动则形成了书写的开放式结局。通过书写，我反而获得更多启示，陆陆续续的对聊与倾听促使我不断去探索这些女性的能量场，她们应对问题的韧劲与经营生活的力量，她们总是能够将岁月赋予生机，将琐事升华为艺术，她们总在似乎意义尽止的状态里探索出价值，总在情感干涸的困境里激活了自我，再次腾挪出一汪清泉。

当整个社会还没有觉醒到要为全职妈妈进行制度支持的时候，全职妈妈们自己在有限的空间与关系网络中编织起托载精神与自我的庇护所，每个人也许经历过"金智英"，她们的家也曾经在"坡道"上蹒跚，但是，她们仍然前行，将自己带离出金智英的精神窘迫，在更广阔的平原安放好自己的"家"。

这些静静地存在于我们身边的女性，承载着古老的使命，成为新兴的阶层。她们开始通过各种方式进行自我表述，或喜悦或无奈，她们所发出的个体吟唱还未能形成和声，外界对于"全职妈妈"群体感到好奇，却不能明了她们的状态到底如何。"记录下她们的声音"这一想法推动我开始对她们进行访谈，倾听女性们述说，呈现她们在家庭中承受过的"不可承受之轻"，以及她们跌跌撞撞却能量满满的探寻之旅。

2

无法衡重的操持

时间贫困和无薪劳动，当代的西西弗斯

家庭主妇们完成了再生产的工作，马克思用日用品——食物、衣服、住房和燃料——的数量来确定是什么再生产了劳动力，要维持一个工人的健康、生活和力量，这些消费品是必需的……但是这些日用品在成为生活资料之前就必须被消费掉，当人们用工资购买这些日用品时，还不能立即享用它们。在这之前必须付出额外的劳动：食物必须有人烧出来，衣物必须有人清理，床得由工匠做出来，木材得有人劈好，等等。因此家务劳动是再生产劳动者的劳动力之关键，然后劳动者才能创造出剩余价值。既然通常是由妇女来完成家务劳动的，那么我们有理由断言，妇女正是通过再生产劳动力介入到创造剩余价值——资本的必要条件的过程中的。

——〔美〕盖尔·鲁宾《妇女交易：关于性的"政治经济学"笔记》

"一尘不染的家就是我的战利品"

苏苏长相清秀，有一张人人都羡慕的巴掌脸，眼睛弯弯的，即使不笑也充满着善意，她个子高挑，却总是有点含胸，好几次活动见面，我发现她都好像有点疲惫，也许因为她没怎么打理自己，每次都是素颜朝天，曾经染过的浅棕发色也只留在发尾一截儿，更有点显得人不太精神。苏苏不爱讲话，与妈妈们在一起时，她总是不言不语，但是她喜欢参加活动，不管活动地点距离她家多远，她都会赶过来，来了之后就坐在一边，倾听、欢笑。晓洋参加了为期十次的游戏训练导师培训，"学成归来"的晓洋为大家准备了一次游戏主题活动，苏苏当然不会落下，她早早过来，配合晓洋准备游戏材料，整理场地，这场活动，晓洋准备了六项游戏，"魔法师与石头""蹬报纸""反口令""摸鼻子""生日大小排序""鸡蛋变凤凰"。

游戏瞬间让原本安静的空间沸腾起来，妈妈们忘记了自己是"学"而不是"玩"的初衷，每个人都投入其中，热切地扮演着游戏角色，晓洋只需要稍作引导，大家就自动地把游戏带动起来。"蹬报纸"让妈妈们紧紧依靠在一起，"反口令"让人洋相百出，逗得彼此哈哈大笑，"生日大小排序"一下子暴露了好多人的年纪，没人介意，大家开心地用"姐姐""妹妹"称呼彼此。这一场游戏活动使妈妈们迅速拉近距离，比以往任何活动都更加默契，通过玩耍我们成为伙伴，顺应游戏来建立了信任和分享的关系。我们沉浸在一个个充满诙谐和智慧的游戏环节，激发表达，体验欢乐，我们按照游戏设置，随机调整角色体验，突破自己的日常人设。日常束缚自己的"操劳的母亲""抱怨的妻子""勤劳的主妇"等等人设都在游戏时空中暂时化为乌有，越投入游戏，人设对自己的束缚越接近零值，我们笑、闹、无忧无虑，放松值达到顶峰。

妈妈们玩得不亦乐乎，每个人都仿佛回到了童年，苏苏也一样，她笑着，笑弯了腰，把头抵在晓洋的肩膀上笑，笑得露出洁白的牙齿，笑得鬓发蓬松，我也一同笑，笑得五官挪位，完全顾不上鱼尾纹可以夹死苍蝇。

随后分享环节，妈妈们都发出了同样的感慨："已经忘记了上次开心是什么时候。""已经好久都没有大笑。"

苏苏感慨也一样："每天忙里忙外，眼睛里面都是活儿，手上也是活儿，在家里，我就是工具人，干完活儿想的是躺一躺，喘喘气，玩儿都是陪着孩子们玩儿，玩儿都是任务。哪有自己开心的份儿呢。"

虽然都是动手动脚，都是消耗体力，劳动与游戏给人的体验却存在天壤之别，妈妈们生活里最不缺的就是劳动，而最缺少的则是游戏。

如果说"欢笑"是大脑的营养品，是游戏给人带来的最好礼物，那么很多妈妈们缺乏游戏的场景，她们的大脑都是处于极度"缺养（分）"的状态。

"男人至死是少年"，那是因为他们可以随时卸下成人角色躲回到少年的迷梦中驰骋，穿插于各种社会角色之间的男性可以暂时推开责任，不必时时担当，他们并不需要被迫长大，甚至少年气还增加他们的魅力值。

女人们则在生儿育女的那一刻必须长大，面对一个从自己身体里吸收养分才能成长的小生命，面对一个稍不留神就可能被各种伤害威胁到的小生命，她一边要托举起孩子的成长，一边又要撑起安全的空间让孩子免受伤害。女人只能成长为保护者，一具盾牌，一副盔甲，女人们被"母亲"的身份"战袍"紧紧嵌入，这件战袍只要一披上就难以褪去，那些楔入心坎的孩子们让妈妈们永远回不去少女时代。

活动结束后，我见缝插针地又说起自己写书的事，苏苏听得很认真。很快，我就收到了她的微信，是一个链接，苏苏给我分享了她的简书账号，"马老师，这是我这几年记录的日常，都是流水账，别见笑"。

我进入了她的账号，翻阅着将近三年的电子手账本，苏苏用心打理着她的简书，每一帧不仅记录着她的日常，还配着她精心修饰过的图片。

儿子女儿上学的时间是 7 点，老公上班的时间是 8 点，而我上班的时间是 5 点，噢，不，起床后 15 分钟洗漱，5 点 15 分，我的早班就开始了。

我现在基本不需要闹钟，生物钟能准时在 5 点钟叫醒我。

此时家里还是暗沉沉的，我的一天开始了。

第一步烧水、泡茶。茶是给老公准备的。我喜欢咖啡，注上过滤水，按下咖啡机的开始键，闻着咖啡的味道我才能真正醒过来。

第二步午餐饭盒。从冰箱里拿出之前准备好的食材，我一般会在周日下午准备好半制的食材，煎熟的鸡柳、牛排，炸好的猪扒，煮好的豌豆粒、玉米粒，压好的土豆泥等等，热加工一下，分别装到三个小盒，再一起放到大的保温盒中，上小学的儿子在学校吃饭盒。

第三步早餐。准备早餐，一般是牛奶、面包、煎蛋，有时候也会炒饭或者蒸个包子。

第四步叫早。6点半，就要叫他们几个起床了，女儿小，起床要哼哼，在她床边叫几声，还要抱一抱，帮她穿衣服。这个时候，老公就和儿子在卫生间里洗漱。

第五步用餐。6点50之前，早饭一定要吃上，不然就晚了。

第六步送行。7点05分，提醒三个人，带上所有的东西，儿子的书包、饭盒、水杯、红领巾；女儿的小书包、水杯、水果包；老公的公文包、眼镜、钥匙……7点10分，出门！

门咔嗒一下子在我面前关上，家里突然安静下来，我赶紧坐下来，给自己倒上一杯咖啡，开始了班间休息的早餐，我会吃慢一点，因为接下来要忙的杂事还很多。

拉开所有的窗帘，打扫卧室，整理床铺，开窗通风。把脱下来的脏衣服装到洗衣篮，送到卫生间，放到水池里浸泡。客厅里，桌子、椅子、地板上堆放的玩具要收拾整理好。儿子看完没有收拢的书，也要码到书架。用抹布把窗台、柜子擦拭干净。用吸尘器把所有的地板都吸一遍。这个时候，差不多已经9点。

我稍微再休息一下，翻翻手机。

接下来，衣服差不多浸泡好了，袜子要单独搓，内裤也都要分开洗。洗好后晾到阳台。

现在，除了餐厅和厨房，一切都恢复了原初，也就是他们昨晚回到家里以前的状态。

所有的东西，不管是家具，还是物件，都各安其分，给人舒畅安稳的感觉。

重头戏还在后面——厨房。四个人的餐具收拾起来，加起来也是四个平盘、四个碗、四个杯子、四副勺子筷子，收拾蒸锅、煎蛋锅、雪平锅和炒锅……擦抹灶台和地面，油烟机也要好好擦擦。餐厅至少也要再收拾20分钟，地面要重点擦，女儿总是把饭和菜油滴漏到地面，不小心就踩到鞋底，带脏了地板。每天常规的家务，要差不多5个小时。这还不包括，我种植在凉台的绿植，需要定期加水，玫瑰特别容易生虫，总是要小心观察，除虫、修剪、追肥。两个卫生间每周一次的深度清洁。每个月一次把家里所有的被罩、床单换洗一遍。

如果没有其他的事情，10点到11点，我会出门，步行去菜场，逛上个把小时，把晚餐的食材准备好。中午的时间，我一边准备晚餐的食材，一边准备一份自己的午餐。

下午1点左右，我才真正可以休息一下。睡个觉，看会儿书，做套瑜伽动作。朋友也会约着这个时间出门。我经常不愿意出门，家里真好，尤其经过了一个早上的收拾、擦抹、整理、收拾，一尘不染的家就是我的战利品。

我耳朵在喜马拉雅上听书，但是，眼睛却不住地扫视着书柜的顶格，扫视着地板的边角，扫视着餐边柜的亮格，揣摩着还有哪些地方需要再擦拭整理。我也仿佛是一位猎人，不过我捕捉的猎物是细不可见的灰尘。

我照料着这个空间，这个空间也安抚着我。

茶杯不会突然溜出来，碗筷也安静地待着它们应该待的地方。莫兰迪天鹅绒沙发靠垫自己不会把自己弄脏。忘忧草色水洗棉蕾丝裙式床罩，只要我在清晨弄平展了，它一天也都是平展的。卫生间散发着松木龙涎香的幽香，那是我们从泰国带回的普达湾藤条香薰的味道。茶几上的花艺，蝴蝶兰、松虫草和火焰兰错落搭配是我上周三的作品，蝴蝶兰花瓣颜色有些黯淡了，从它入驻，除了女儿赞叹了一下，这一周都只有我与它对视。

在孩子回来之前，在老公回家之前，这个不大的空间给予了我极大的安全感和满足感。

刚刚全职在家时候，我厌烦过家务。刚刚把孩子哄睡，我赶紧去听一段课程，我当时是想备考 CEP（国家金融理财师）。现实却不允许，家务一项一项就落下来，落到你的眼前，就像俄罗斯方块，落下一项你必须要处理，不然越堆越多，崩溃的还是自己，加上孩子还小，很多事情都是失控的。

我开始很厌恶做家务，重复、琐碎、没完没了，你要投入无限精力去对付它们，从乱糟糟的一团打捞起一丝丝有序。

不知道从什么时候开始，我发现，做家务也能获得成就感。换季时候整理整个衣柜，拼装起孩子的餐桌餐椅，阳台上种植的胡萝卜喜获丰收，这些"成就感"一点点让我满足。

我逐渐将自己的事情往后面排，在吃饭的需求后面，在睡觉的需求后面，在洗衣服的需求后面……到最后，考证不了了之，连擦地板都排在了学习的前面。

我成了一名标准的家庭主妇。

家务虽然繁琐，但是，只要我做，就能看得见，虽然一切都是无声的，但是我需要这种肯定，我喜欢在出发接孩子们之前，就坐在飘窗上的小茶几前，环望着屋子，舒适干净的沙发、排列整齐的书架、一尘不染的厨房和我眼前茶几上摆放的几个憨态可掬的茶宠蟾蜍。

3点50分，必须出发了。女儿说，希望看到我在门口第一排等她，我披上外套，拿起手包，甚至有些依依不舍，我知道，只要孩子回来，家就又一个样儿了，丢在沙发上的书包，摊开的手工作业，堆在换鞋凳上的外套，带着泥点的鞋子，还有几乎所有藏在抽屉里的玩具，都要跑出来放风。他们回家后，那个让我安乐的空间，那个承载着我"小小成就"的整洁与舒适就都不见了。

与三年前相比，眼下的家务活儿已经太轻松了。现在的家务活是拧自来水，我随开随关，应付自如，而三年前，儿子小学一年级，女儿还牙牙学语，那时的家务活简直就是沼泽，深不见底的泥泞沼泽，满眼看得见的不得不做，但是手脚也都被孩子们占满，动不得，也做不得。先对付着大哭的孩子，再应付着孩子千万不要生病，再想着孩子的营养要跟上，最后督促儿子好好练字，家里基本干净就行，整洁完全谈不上，地面上是爬爬毯，毯子上是儿子的帐篷，帐篷里面乱七八糟的各种玩具，小书架上的书已经摆不下，向书桌蔓延，女儿的安抚奶嘴经常要找个半天，儿子的袜子也经常是东一只西一只，辅食碗下次用的时候才来得及清洗，过道尽头堆着学步车、扭扭车、平衡车……眼不见心不烦。

每天只是面对家里的杂乱，心情就已经够糟糕。有的时候，我躺在床上，把双手举在眼前，这是一双修长的手，一双期待着能弹钢琴的手，这是一双小时候跳民族舞摇曳生姿的手，这是一双被另一双手紧握护到胸前，珍惜如宝贝的手。现在，这双手布满细纹，关节凸显，它已经完全告别了纤细和娇柔。这双手文能缝补洗涮，武能剁切烹炸，香能烘焙戚风，臭能收拾屎尿，十八般的手艺，这双手都一一经历。

有时候我会回想，小时候怕黑、怕虫子，上中学怕上课回答问题，上大学的时候害怕高数、怕统计，工作了，怕一个人住。记得第一个晚上，我独自住在租来的小公寓里，迟迟不敢关上台灯，又盯着台灯投射到天花板的影子，耳朵竖起来，听着窗外不知道是树叶还是雨滴敲打窗户的声音，吓得睡不着。啊，傻姑娘，一个人的餐桌、一个人的衣橱、一个人的写字台、一个人的被窝，美好的一人世界，那么多空旷，那么多闲暇，你到底怕什么？有什么比儿子得了甲流，发烧在家，抱在怀里的女儿也跟着打喷嚏可怕呢？有什么比一早起床发现腰痛得不敢翻身，而女儿已经饿得哼唧，儿子早餐还没有准备出来可怕呢？有什么比刚刚晾洗好了所有的衣服，女儿把手中盛满了牛奶的杯子泼翻在床单上可怕呢？

有时候我都不敢回忆，我不知道如果现在的我再陷到那个境地，我还能不能爬得出来。

好在孩子慢慢长大，会自己穿衣服了，会自己吃饭了，会自己洗澡了，生活没有变得更加凌乱，家务活儿慢慢变少了，家里留给我的空间和时间似乎都变多了。

但是，我却似乎舍不得这一身本领浪费，反而在家务方面"日益精进"，学习各种烘焙、盆栽，学习收纳、手工，我安心于用我的忙忙碌碌与这个家相处，我以为我在驯化家务，没想到家务驯化了我。

我的目光在苏苏的一张配图上停留了很久，那是她让女儿给拍摄的一双手，一双她的手，一双布满了细纹的手，一双能明显看到骨节的手，一双指甲经常被磨损、边缘光秃的手，与她的年龄相比显得有些沧桑的手。我们都知道，嘴会说谎，手却不会，她的家务劳动都被这一双手说尽了。

无限劳动就像时间粉碎机

"我奶奶就是家庭妇女,那个年代的女性,除了家庭妇女没有什么选择。我小的时候从来没有在意奶奶在做什么,长大回到老家,有时候就看着她,奶奶从不出门,但是几乎从来不坐,她不是屋里就是院子,手里总有干不完的活计。你不能确认她到底做了什么,但是,屋子干净了,饭菜端上来了,零食准备好了,晾晒好的衣服叠放到柜子里了,院子里的菜薹可以吃了,豌豆尖也长好了。奶奶什么都不说,她一直默默地做,手里永远有着干不完的活儿。"

坐在我对面的蔡蔡说起了自己的奶奶。约蔡蔡出来并不容易,她不仅养育着三个孩子,而且她的老公常年在外地,她把自己全身心投入到家庭的运作。"最怕学校同时开家长会,两个孩子的家长会撞到一起我都超级尴尬,第一次跟老师解释自己有三个孩子,老师都蒙了。"蔡蔡几乎没有超过三个小时以上的空闲时间,"随时备战"是她的常态。

我本来约她出来是想让她多聊聊自己,但是,不知道什么时候,话题滑入到她的追忆,她追忆自己的母亲、外婆和奶奶。

"我曾很多次地想,我不能做奶奶那样的女人,我也真的曾经以为,我上了大学,进入职场就可以永远不再走奶奶的路。但是,我错了,奶奶并没有选择做家庭妇女,她结了婚，有了孩子，家需要她经营，她是不得不留在家里，而我也一样，我也结了婚，有了孩子，这个家需要我，我没有选择，我必须留下，我只能留下，做所有女人做的事情。"

不知道精力是不是也算作在家务劳动之中，我觉得应该算，一个妈妈不是行尸走肉地做事，不是疲于应付地操劳，每一件事情上都有精力的投入。妈妈觉得疲惫，有的时候是肉体，更多的是肉体和精神全都疲惫，尤其孩子幼小，除非熟睡，孩子静静地躺在身边，只要醒来，孩子绝对会全身心地占据妈妈的精力，用尽各种怪招去吸引妈妈的注意力。一个黏人的宝宝会不停地呼唤着妈妈，让妈妈把精力百分之百投入到他身上，他无法忍受妈妈不在视线范围，即使在视线范围，他仍要妈妈去关注他的一举一动，甚至他无法忍受妈妈仅仅与他对视，他要妈妈对他微笑，用表情告诉他"妈妈爱他""妈妈在意他"。

我接触蔡蔡时间有限，每次蔡蔡来参加活动总是来去匆匆，每次说到自己养了三个孩子时，她喜欢打哈哈自嘲："送子观音太喜欢我了，给了我这么多宝贝疙瘩。"

有一次，秋子召集了一次母亲节活动，蔡蔡早早报了名，没想到当天两个儿子同时感冒又同时有些发烧，学上不成了，蔡蔡干脆把两个孩子都带到现场，一人一个口罩，一人一本绘本。蔡蔡说："唉，跟孩子磨叽了几天，今天我必须走出家门透透气，在这里坐坐也好。"两个孩子坐在角落里看书，男孩子时而打闹避免不了，当小的第四次呼叫"妈妈"时，我忘不了蔡蔡的眼神，那向孩子看过去的眼神里是掩饰不住的焦虑和厌倦。

家务劳动冲散了全职妈妈们的时间感知。职场的时间是一条平滑的线性横轴，上面被各种事情均匀地分割出工作部分和休闲部分，被分割的两部分泾渭分明，互不干扰。全职妈妈的时间是什么样呢？宝宝还只有10个月的许虹说："像一团乱糟糟的线团，什么事情都揉到一起了，好不容易抻出一小节空闲，你还没有打个盹，马上，娃那边哭着叫，你得赶忙过去。这一小截线头又卷入到乱七八糟的生活中。"

"说来也奇怪，孩子仿佛是时间的粉碎机，想想两岁前的日子，一天到晚跟她搅在一起，时间过得飞快，但是那个时候，看着眼前的娃，要不不肯吃，要不哄不睡，整天不是哭了，就是闹了，觉得时间好难熬。"

外出工作的老公会觉得，你整天都呆在家里，除了睡觉、吃饭，12个小时，家务用去一半时间，还有一半——6个小时的空闲。

但是，有吗？家里有学龄前的宝宝，6个小时的空闲想都不要想。

宝宝上学后，6个小时的空闲也不是整块享有。

它被切分成一段家务到另一段家务的衔接，变成随时可以被打断的原地待命。

"996话题出来的时候，大家讨论得都很热烈，责骂资本家剥削太狠，我那个时候刚好二胎剖出来，我心想，我能当个996的妈妈就太满足了，至少有个下班的时候，还有一个周日，我真的太需要有一个放空的时间了，不被任何人打扰，哪怕只有一个小时。"

没有逻辑，无法成为故事讲述主题的家务

除了琐碎之外，全职妈妈们的家务劳动还总被淹没在一片静默之中。

我从小红书中看过很多全职妈妈记录自己家务劳动，她们在客厅整理，她们在厨房烹饪，她们在卫生间清洁……她们忙忙碌碌的身影，却总是显得很孤独。

这个孤独不是指毫无声响。我知道过去很多时候，妈妈们会把客厅的电视机打开，电视剧里人物不停对话，女人伴随着台词做着家务，电视剧是陪伴家务劳动的好帮手。

现在，手机上的各种音频 App 给女性家务配置上更多的声音，有些妈妈喜欢一边做家务，一边听书，日积月累，也可以知晓天下。

我指的静默是家务劳动，就如它琐碎本身，就如它周而复始。

它无法被记录，也无法被述说，没人会对家务产生好奇，也没有人会主动聊起，它无法以一种傲人的状态示人，无法给你一个充盈成就的成果。家务劳动太过于琐碎，它无法形成故事，它不能讲述，也根本没有听众。

昆族的男人，他们用了整整四天去追逐一只羚羊，他们

先埋伏，然后小心蹲守，用箭射中了羚羊的腿部，羚羊跑掉，男人们追踪它的脚印，研究它会跑到哪里。接下来的几天，男人们断断续续地追寻着这只受伤羚羊的脚印，直到他们发现，它被一群狮子捕获，这时候，男人们需要下决心，是将狮子驱赶，夺回羚羊，还是放弃。

每一次大型狩猎都伴随着一个惊险的故事，这个故事可以在人们口耳间传递很久，增添些细节，再增加些传奇，故事一直被诉说，直到猎人老去。

昆族女人，她们给孩子喂奶，她们收拾工具，她们搜寻鸟蛋和蜂蜜，她们带回果子……但是，谁会讲起这些没头没尾的琐事呢？她们所做的、做完的、要去做的，全部都丢入时间的静默。

故事才能赋予叙述以灵魂，人们愿意听到这样的故事：起初遭遇的困难，接下来的一次次尝试，然后被同学和同事所激励，再次尝试，最终获得成功，成功伴随满足和喜悦。

学校里，孩子参加集体操比赛的故事，公司里，老公带着团队冲业绩的故事，都被一条贯穿始终的逻辑线条牵引。

但是，擦窗子有什么逻辑？剥豆米有吗？给鞋子上油呢？昨晚儿子不小心摔破了一个杯子，跪在地板上仔细往桌角下寻找是否有可能的玻璃碎片，把沾上油画棒颜色的衣袖清洗如新，把荸荠打碎与肉馅搅拌到一起，蒸出了可口的荸荠肉圆，这都毫无逻辑。

家务没有主线，也没有方向，没有定位，也没有打法，没有团队，也没有助手，连需要打败的竞争对手都没有，做过的所有家务，都与时间一道悄悄流逝到无边的静默，而流逝的却还会重来，明天还是如此，擦洗、打扫、清理、规整……贪婪地听着孩子们畅聊学校的趣事，一边吞咽着自己无法言说的"精彩"。

甚至，妈妈们在一起，家务也不是她们讨论的话题。孩子一定是她们话题的主角，她们可以滔滔不绝地聊起自己的孩子，老公也会偶尔被提起。

她们也会聊起情绪，她们烦恼于"控制不住生气"，她们想办法"心平气和讲道理"。

但是，每一个走出家门的全职妈妈，都急于去享受这摆脱家务的片刻自由，她们在商场里试着衣服，在美妆专柜前试一款腮红，她们在奶茶店里点上一份甜点，她们还会去花店给餐桌包一束鲜花。她们可能会约着一起到林荫道散步，她们聊着各自的孩子，聊着即将到来的假期安排，但是，她们就是不聊家务。

你没办法跟人聊起如何拖地，没有人愿意听如何把衣服分类清洗，整理橱柜有什么新鲜，再说到护理家具，枯燥无趣！家务过于平淡，它完全没有办法拥有独特有趣的讲述策略，作为访谈者，我都没有耐心能听完一个关于家务的叙述。

有一位在小红书发布日常视频的全职妈妈说："以前在家里一个人做着各种家务，觉得很无聊。后来在小红书里看到其他妈妈也发布这些视频，觉得能找到共鸣，自己也尝试着录制一些，跟大家一起分享。"

全职妈妈的劳动是无限劳动，是全方位的无限，没有时空的界限，没有情感的界限，没有上限也没有下限，家务劳动没有起点和终点，家务劳动对抗着时间，家务劳动较量着耐力，家务劳动淹没了一切对生活的诗意。

人类漫长的"女人喂养家庭史"

人类学家所观察到大多数部落社会仍存在性别的分工与协作，男人需要承担相应的劳动。那么，两性的劳动付出比重以及他们劳动收成的比例如何呢？

在珊瑚海边的梅岛（Mer Island），潮水逐渐退去，男人和女人穿梭在环湖礁中一起配合着找寻食物。男人手持竹柄长标枪，站立裸露的礁石上眼睛紧盯着浅浅的海面，每当发现鱿鱼、鲻鱼、鲹等经过，男人就弓起身、紧盯水面，小步跟踪，突然将手中标枪投掷出去。哦，没有命中。他趟着浅水，捡起标枪，仔细调整叉尖，再次小心踱步、搜寻，直到另一条猎物出现在眼前，他突然猛地一掷，一条比手掌还长的鱼被刺中，收入到他的斜挎的篓中。

这个时候，他的女人则背着篓子，弯着腰，挖掘躲藏在礁石缝隙中的贝壳、海螺，每当发现收获，她就用打磨好的锋利贝壳作为刀子，撬开贝类，挖出嫩肉，丢到篓子里。她也随手抓着一只短矛，但是，她并不将它用来扎鱼，而是在浅滩行走时保持平衡。

潮水又慢慢涌起，当裸露的礁石再次被海水淹没，海滩上已经看不到任何猎物，两人就带着各自的收获准备回家。女人的背篓里已经装满了贝肉，而男人则只收获了两条不长的鱼，男人将鱼串起，挂在标枪上，晃悠着走在女人的前面，这两条鱼中的一条会作为礼物送给邻居，另一条由女人宰杀烹饪，作为孩子们的晚餐。

在博茨瓦纳西北部多比（Dobe）地区居住的昆人（Kung）部落中，昆族男人结伴狩猎，为部落带来珍贵的肉食。有趣的是，男人们打来猎物并非由家人享用，越是大型猎物越是需要分享，与邻居分享，隔壁部落的人要分享，有姻亲关系的部落也要分享，作为猎手的孩子们，吃到的仅仅是一点儿。

喀拉哈里沙漠经常会出现干旱，严重的干旱每四年就会发生一次，威胁人类的生存。这时候，昆族女人发挥了更加重要的作用，她们知道哪里有永不干涸的泉眼，懂得从枯藤上发现地下几英尺的巨大蓄水根，记得肥大的檬戈树或摩乳拉树的树干封闭树洞里藏有水，每一次不懈的找寻都会保住部落的生机。

大量的人类学研究都表明，在早期人类生产劳动中，女性扮演着重要的角色，她们为孩子提供几乎所有的营养，其中包括蛋白质、脂肪、维生素、纤维素和微量元素。被美国学者玛乔丽·肖斯塔克（Marjorie Shostak）记录生活而闻名的妮萨（Nisa），生活在昆人部落中，那里食物来源充足，营养搭配平衡，人们不会出现营养不良。女性还为整个家庭提供安全的庇护所，守护着家庭的干净与整洁。

阿肯萨斯大学的人类学家瑞贝卡·博迪（Rebecca Bird）

的一项研究非常有趣，她分析比较了十几个狩猎采集部落的男女性别分工，提出了一个假设，热衷于大型狩猎的男性工作的目的是什么？

一个小家庭从大型狩猎中所获甚少，一个男子如果捕获了一只大羚羊，接下来的时间就是分配，在部落内分配，在部落间分配，分配最终的结果是自己的孩子几乎吃不到什么。而且，大型狩猎需要很长时间的成本投入，面临的危险因素也很高。

作者推断，男性狩猎的目的并非为了维系基本生存，他们劳动的目的在于社会交往。通过狩猎，男人们结成群体，建立伙伴关系，彼此开开玩笑，交流来自其他部落的信息。在狩猎中，他们认识了几个部落之外的朋友，分享猎物也是结交友人的契机，而人际交往圈子的扩大能够给男性带来更大空间，一个优秀的猎手将在更大范围赢得声誉，建立起充满荣耀的社交体系，同时，从进化论的角度来看，拓展能够大大增加男性结识新异性的机会，让他有可能成为更多孩子的父亲。部落社会中经常会流行一句谚语："一个好的猎人是一个好的父亲。"

动物行为学者通过观察鸟类，也得出了一个结论，与雌鸟共同哺育后代的雄鸟，经常盘旋和守护在巢穴旁边，其他雌鸟会被巢中幼鸟所吸引，从而增加了雄鸟交配的机会。抛开一夫一妻式的伦理约束，从进化论的角度，这对于雄鸟来说是一个不错的选择。

离群索居的家务劳动

社交媒体油管（Youtube）一位博主发布了一位日本全职妈妈的一天。这位全职妈妈叫 Moe，与丈夫和孩子一家三口居住在东京，今年 27 岁，有一个九个月的女宝。视频从她起床开始，一直到晚上全家人休息。早上 5 点半，全职妈妈 Moe 就起来了，第一件事情是化妆，妆后开始准备丈夫的午餐便当，准备妥当后，宝宝醒了，Moe 要给宝宝换尿布、穿衣服、洗脸、喂早餐，之后，Moe 开始做家务，拖地、晾晒衣服、整理杂物，一切收拾停当之后，大概 9 点左右，Moe 才开始吃上她的早餐。

宝宝上午再睡一会，Moe 有一点自己的时间，午餐过后，Moe 带着女儿外出，过一下与闺蜜在一起的社交生活。回家后，Moe 安置宝宝，在自家的小院子里整理一会儿，然后开始准备晚饭，吃饭，给孩子洗澡，讲睡前读物，做好其他的家务，一直到晚上 10 点多，Moe 才安静地坐下来休息一会儿，翻看网友的留言，回答一些网友的提问。

很多网友看了 Moe 的一天后，直呼"真累"，说"劝退了想做全职妈妈的心"。

Moe 作为日本全职妈妈，与我上文描述苏苏的家务手记一样，反映了包括中国在内许多中产阶级家庭全职妈妈现状。

首先，劳动投入时间长。Moe 的睡眠时间大概 6 小时，其他时间都是围着家务和孩子转，全天候工作已经是常态，她几乎将所有的时间都投入到家庭劳动之中。

其次，家务劳动精致化。Moe 的家并不大，但是所有的物品都是经过精心打理，井井有条，每个角落都付出过劳动。与其他中产阶级家庭一样，主妇们绝不是在应付家务劳动，而是精心操持着家务，按照美学标准去打造家居生活，体现出生活中的严谨与精致。与上一代全职妈妈不同，80 后、90 后全职妈妈已经将居家生活作为一项很严肃的事业，需要不断地精益求精，她们钻研烹饪，学习收纳，家务劳动也开始形成自己的知识体系，使全职妈妈的投入时间越来越多。

再次，家务劳动个体化。全职妈妈将越来越多的时间投入到家务劳动中，家务拴住了她们，不管是被动还是自觉，她们都处于一种半隔离状态。在全球新冠疫情刚刚爆发时候，人们响应政府号召居家隔离，全职妈妈们争相发言说："隔离就是全职妈妈的日常啊，让大家体会一下全职妈妈的烦恼。"

这与美国二战之后的全职妈妈处境也非常相似，二十世纪五六十年代，随着经济快速发展，催生了都市中产阶级，成年的已婚女性承载着实践中产阶级生活方式的使命，美国夫人代表着理想美国梦的成真。1960 年，肯尼迪当选美国第 35 任总统，他与夫人杰奎琳·肯尼迪都很年轻，一扫政界老派做法，成为当时美国中产阶级心目中的偶像，杰奎琳·肯尼迪拥有极好的消费品位，在她的设计打造下，美国白宫焕然一新。1962 年情人节当天，CBS 电视台直播了"与杰奎琳一起游白宫"节目，受到了美国上下热烈的追捧。美国主妇们纷纷效仿杰奎琳，将从容貌到居家的品位提升融入自己的生活。与此同时，很多家用电器和日用品商家瞄准了全职妈妈极力打造精致生活的目标，以商业模式向全职妈妈们推广"现代""摩登""整洁"的家居模式，将现代化厨卫用品推销到美国郊外的一幢幢别墅中。全职妈妈怀揣梦想，不停地购买着这些标志着现代生活方式的家用电器。

这些电器原本的设计目的是减轻主妇们的家务劳动，但是，由于电器普及，商家推波助澜地将目光再次锁定"生活美学"，让妈妈们不仅要过得舒适，而且要过得精致。全职妈妈成为服装市场、化妆品市场的主力，她们除了要忙于家务以外，还要让自己更加迷人，以保持对丈夫的吸引力。她们还要学会社交，熟练于主持派对，甚至到70年代，心理学市场也盯准了全职妈妈，运用快销式心理学方式让全职妈妈拥有更加"积极""快乐""开朗"的主妇心态。结果，全职妈妈们不仅没有因为居家现代化而变得轻松，反而更加忙碌，她们的时间被越来越多的内容占满，忙碌程度不亚于在职场打拼的丈夫。

这些美国主妇一定要订阅一本《生活》或《更好的生活》杂志，阅读每一期给主妇们的指导，"如何为家人准备晚餐"，"如何让自己保持神采奕奕"，"如何让丈夫始终对你保持热情"，梦想成为"理想主妇"。

通过撰写本书，我得以窥见这座二线城市全职妈妈们的生活，她们中的一部分人正在向着这个方向迈进。妈妈们以职业化标准要求着作为家庭主妇的自己，她们在家庭生活中投入越来越多的时间，将精力花费在品质消费方面，她们还不断学习如何打造精致生活。这些年轻的妈妈们除了要维持家里的日常卫生以外，还要追求家居美感，不仅要给孩子们提供营养配餐，还要掌握烘焙等拉高 level（档次）的技能，各种 App 上的收纳指导、美食指导、装修指导、花园打造指导成功斩获了她们的关注，她们的家务劳动逐渐积累起颇具规模的知识体系，努力成为更加尽职尽责的家庭主妇。

经常游走于土著居民中间的人类学家玛格丽特·米德（Margaret Mead）曾经用"异文化"的眼光去解读美国郊区的家庭主妇（housewives），她批评道："这些白人女性将自己困守在一夫一妻制度中，她们与自己的孩子待在郊区那与世隔绝的环境中，几乎终日都在房子里面忙忙碌碌，她们偶尔打扮自己，出来交际，但是交际范围仅限于同一条街上的妈妈们，她们的经历、视野都局限在家庭，她们简直就是穴居的人类。"

而与之相比，很多土著部落，女人们不可能将所有的时间都花费在屋檐下面，她们大部分时间要与其他妇女外出，她们的日常活动范围要比现代妇女大得多，而操劳的时间则会少得多得多。美国人类学家马歇尔·萨林斯（Marshall Sahlins）在《石器时代经济学》（*Stone Age Economics*）用"低度生产"描述狩猎采集部落人们的工作，即使对食物贡献较多的女性，她们也没有从事高强度劳动。萨林斯从大量的人类学著作中整理出很多资料呈现了一幅土著人悠闲的工作状态画面。

蒂科皮亚人（Tikopian）的劳动小组由男人带着自己的妻子和孩子们组成。

"帕·努昆夫和女人们分担各自的职责，他负责除去植被、挖掘，其他人负责部分挖掘和重新栽种，以及全部的清洗和分拣工作……工作的气氛很轻松，不时有人离开去歇会儿，嚼嚼槟榔。接近尾声的时候，一直都不积极参与劳动的法特埃，爬上附近的一棵树，采了一些槟榔树（pita）的叶子……大约近午时分，点心端上来了，盛在绿椰子壳里。为了弄这些椰子，又是法特埃负责上树……适时消遣而产生的轻松气氛是整个劳作的一部分。"

土著女人们将工作、生活、休闲融在一起，她们的很多劳动既是家务劳动，也是生产劳动，她们几乎都与同伴在一起，既是劳动也是社交。她们用劳动成果喂养自己的孩子和家人，也通过劳动与部落结为紧密的一体，她们的劳动与部落生活完整地交织，成为交换、休闲、仪式交响曲中的共同篇章。与她们不同，现代都市全职妈妈们的休闲时间被无限地挤压，她们的化妆、栽种也成为劳动的一个部分，她们的劳动无限地膨胀、伸展，侵占了本来就不多的生活时间。

"无薪"劳动

在任何一个文化中，几乎所有的家务劳动的承担者都是女性，几乎所有的照顾提供者也是女性，这些劳动都有一个共同的特点，就是没有得到市场衡量的价值，它们都可以概括称为"无薪劳动"，女性的劳动被大大低估。

我为全职妈妈们粗略计算过她们的劳动付出，孩子处于婴儿期的妈妈，劳动投入的时间多达每天 8—10 小时，随着孩子成长，妈妈们投入的时间逐渐缩短，一个学龄阶段的孩子，妈妈们投入家务劳动的时间是 4—5 小时。但是，如果家里老人生病需要照顾，这个时间又将被无限拉长，照顾一位失能老人仿佛再次回到做新生儿母亲的状态。漫长的教育投入推迟孩子自立的时间，而人均预期寿命不断提升又延长了女性照顾长者的时间，育幼和孝长的时间几乎重叠，中年一代女性在长幼之间交织徘徊，作为家庭的照顾者，她们很难享有自由的时间和空间。

劳动的"家务化"导致女性地位降低。在农耕文明产生之前，男女两性地位相对平等，在完全的狩猎、采集社会，女性劳动被广泛承认，女性在部落生活中发挥举足轻重的作用。进入农耕文明后，女性地位在全球范围内急剧下降。而且劳动货币贡献率越低的地方，女性地位越低，通过中国南北地域的经济类型比较，在"男主外，女主内"的北方地区，女性社会地位更低。

耕作农业需要足够的力量来操作犁和牲畜，这让男性在生产活动中取得了相对优势，女性则被边缘化转而负责家务劳作。有学者证实过历史上犁耕文明导致男女地位差异。中国以秦岭-淮河为界分为南方与北方，北方降水量偏低，以种植小麦等各类旱地作物为主，小麦种植预备环节简单，主要依靠灌溉，通常由一家男性重劳力完成，女性作用微弱。南方湿润多雨，以种植水稻为主，稻种注重水分平衡和控制，需要耗费大量劳力，女性在轻体力劳动上也有相当投入。同时，长三角一带女性承担了采茶、养蚕和纺织等劳动，极大补充家庭货币收入，维系了女性在家庭及社会中的地位。

所以，讨论全职妈妈的社会地位，必须要关注她们劳动的"家庭化"，女性劳动如果难以进入市场进行衡量，那么她们的社会地位也很难获得承认和保障。

2018 年，国际劳动妇女节前，韩国统计厅和首尔大学社会学系联合发布了一项统计数据，数据显示，在夫妻两人每天工作时间都超过了 10 个小时的家庭中，女性下班之后平均做家务的时间是 1 小时 36 分钟，而男性平均做家务的时间只有 18 分钟。女性家务劳动时间是男性的 5.3 倍。韩国统计厅的调查，将家务劳动细分为照顾孩子、洗涤、清扫等 59 种，如果折合成韩元，这些家务劳动每年价值达到了 361 万亿韩元，占国内生产总值（GDP）的 24.3%。而《东亚日报》又以该资料基础测算，根据家务劳动评价额，即每小时 10569 韩元，每天工作 6 个小时进行计算。计算出全职主妇的家务劳动价值为每月工资 190 万韩元（约合人民币 1.2 万元）。

2017 年发布的《中国女性生活状态报告》显示：中国女性每天的家务劳动时间达到了 2.6 小时，64% 的家庭由妻子担当了主要家务承担者，而丈夫承担主要家务劳动的只有 7%。

学者董晓原和安辛立在 2014 年发表文章，她们运用

2008年"中国人时间利用调查"数据讨论了中国男女两性在有酬工作时间、家务劳动时间和其他活动时间上的差别,并估算了家务劳动的货币价值。调查人数有3.7万人,调查人口年龄在15到74岁,作者运用了似然非线性回归模型检验得到了女性家务劳动价值,占我国GDP总量的25%—32%,而且这些劳动都是无报酬劳动。与此同时,这篇文章还发现,城市女性每周劳动总时间比男性高10.5小时,处于严重的时间贫困状态。

2019年1月21日,瑞士达沃斯世界经济论坛期间,国际慈善机构乐施会(Oxfam)发布了年度不平等报告《公共服务:普惠全民还是偏待私利》,报告称:"在缺乏公共服务支持的状态下,女性需要承担大量无偿家务劳动……假设全球女性所承担的无偿工作,由一家公司来完成,那么其年营业额将高达10万亿美元。"

1992年,诺贝尔经济学奖得主、美国经济学家贝克尔(Gary Becker)曾经说过:"对每个国家的经济来说,家庭内的生产都是相当重要的一环……家庭和其他居民户,事实上都可以算是小型的工厂,即使是最先进的国家,这些地方也都可以生产出极有价值的商品和服务。"他又开玩笑似的,说,如果要增加国家的GDP很简单,让甲家的主妇到乙家煮饭、洗衣、带小孩,乙家付薪水;乙家主妇再到丙家做,丙家付薪水。依此类推,只要主妇们都不在自己家做家务,全国的GDP就会大幅增加了。

2018年3月3日,全国"两会"期间,全国工商联执委、高级经济师、全国政协委员张晓梅提议"实行家务劳动工资化，切实保障女性权益"。张晓梅解释，她的建议并不是"丈夫付妻子工资"，而是通过法律还家务照顾者公道。她建议，取消婚姻法劳动补偿制度中关于夫妻财产制的规定，让所有家庭中从事家务劳动一方所创造的价值都应当被肯定，其所付出的劳动都应当得到相应的补偿。

华南师范大学教授王宏维表示："家务劳动不仅是私人的家庭服务，而且对社会国民经济有着重要作用。它生产的其实是最特殊的产品。一个劳动力，必须换衣服、洗澡、吃饭、睡觉，而背后那些照顾性的劳动，提供了完整劳动力的不断延续。而生育、照料和教育孩子，才有新的劳动力的成长。"在我们的社会，生儿育女，照顾老人，长期被视为家庭自己的私事，国家缺乏有效手段让照顾者获得合适的补偿。从事家务劳动的主妇们脱离公共价值平台，无从获得客观衡量，也没有可靠的保障。

3

密集母职压力,有没有解绑的可能?

养育者变成"产品经理",无处不在的竞争

爱、期待、愤怒和憎恨通过它们熟悉的渠道流向我，尽管它们让我满怀奇怪的厌恶感，我依旧努力容忍它们，以避免灾难。我像个间谍，专心于打理自己的外表；同时，我的生活则偷偷地以我女儿的秘密为中心。我渴望与其他间谍聊一聊，向他们吐露我的心声。当我遇见有孩子的女士时，真相便轻率地从我口中流露出来。我不在乎自己，我说。我没有主体性，他们可以对我为所欲为，反正我不在乎。

——〔英〕蕾切尔·卡斯克
《成为母亲：一名知识女性的自白》

你自主选择成为妈妈的吗？

波伏娃在《第二性》中提到，幼年时的男孩和女孩向前眺望，他们所看到的地平线一样，平展，辽阔，充满未知，也充满希望。不过，陪伴他们的成人会告诉两种不同的景象，男孩得到的是大胆，勇气，要通过拼搏获得收获，要取胜，甚至不惜牺牲自己和他人的生命。而女孩，她则被拽到母亲身边，在看护更小的幼儿中寻觅乐趣，她学会的是照料，看管，要用自己的生命去孕育更多的生命。"从童年起人们就对女人一再说，她生来是为了生育的，对她歌唱母性的光辉，她的不利处境——月经、疾病，等等，还有家务的烦恼，一切都被她具有生孩子的美妙特权证实是合理的。"很多女孩可能都被告知过生命"完整"是通过生育才能实现，与男性齐头并进而获得的一切都不能使一个女性完整，不管是学业优秀，还是能力卓著，不管是事业有成，还是财富雄厚，只要缺少孕育，就仍然要面对各种叹息的面孔，被指责为过了"不完整"的人生，这几乎是摆在所有女性面前的命题。舞蹈家杨丽萍一边被羡慕如同神仙一样的云端生活，一边被不少网民"惋惜"不完整，而相同处境却性格爽利的女明星会用"我的子宫关你什么事"来回怼。

我曾经跟这些妈妈们认真探讨，我们是否在生育面前有过选择?比如到底"生还是不生","早生还是晚生","只生一个还是生育几个"。

蔡蔡想了一下:"从来没想过,女人本来就是要生孩子的。"

晓兰说:"哪里有的选,我们结婚才几个月,婆婆都着急,恨不得天天催着。"

徐燕说:"我是想晚一点,但是怕年纪大了,没怎么想就怀了呗。"

晓洋回答是:"意外,纯粹是意外,我和老公本来达成了丁克协议,结果意外了,后果我承担。"

一个处于婚姻状态的女性,关于生育几乎无可选择,不管是生理方面,还是家庭环境,无论是个人情况,还是夫妻意愿,到了最后,仍然是女人承受十月怀胎、一朝为母的命运。现实情况中,生育就是答案,就是任务。

只要孕育生命的器官深藏于女性的腹腔,只要人类生命之根扎取于女性的土壤,只要小生命的成长需要女性提供口粮,那么,所谓"选择"都是虚假。

在现代避孕手段没有发明之前,无数女人经历了生育之苦,忍受过养育之难,但是对于生育苦难的记述却几乎为空白,年长的女性只会告诉年轻的女孩,你会做一个妈妈,要像妈妈一样行事说话,她却对生育过程缄默不语,不会告诉女孩们遭遇了什么,也许生育无从选择,也许生育无法逃避,所以生育带来的对我们身体上的折磨视而不见。

我们通过现代医学知识才了解到,十月怀胎母亲腰腹盆腔承受 20 斤到 40 斤的重量，压迫胃、肝脏、肠道、膀胱，盆底肌群在重压下遭到破坏，日益增大的胎儿撑大了妈妈的肚子，腹部皮肤撕裂成妊娠纹，甚至造成腹直肌分裂，孕激素雌激素刺激下妈妈肩部浑圆、背部变厚，改变窈窕体态，孕期缺钙加上体重增加，关节压力增大，肌肉紧张导致各类疼痛。

《第二性》中如此表述女性成为母亲，"正是通过生儿育女，女人完整实现她的生理命运；这就是她的'自然'使命，因为她的整个机体是朝着延续种族的方向发展的。"

而这个"自然"使命完成却需要血肉之躯承受着令人畏惧的代价。

抑郁和迷失，全职妈妈的第一道坎，怎么渡过？

母职惩罚是指女性因为生育而遭受经济收入减少、雇主歧视等负面后果，在学术意义上，"母职惩罚"经常用来表述职场女性的生育后不利处境。而我还意识到，"产后抑郁"应该是母职惩罚的起点，全职妈妈成为遭受产后抑郁的高危人群。

近十年，我国卫生医疗领域开始关注产后抑郁的现象，并且用量表来测量产后抑郁的发生率。根据张巍、安力彬等人的研究发现，我国产后抑郁的发生率在 15%—30% 之间，63.8% 的女性都有不同程度的抑郁症状，与美国、英国等国家的产后抑郁发生比例相当。

抑郁到底有多严重？抑郁是不是一种病？不能胜任妈妈的角色是不是一种抑郁？抑郁是不是随着时间的推移，自然就会痊愈？

起初被抑郁折磨的妈妈，是躺在床上的产妇，她要应对的是宝宝胎便有没有排干净？宝宝出黄疸了怎么办？母乳是不是够用？母乳还不够的时候，又不吃奶粉怎么办？宝宝皮肤上的湿疹怎么办？所有出在宝宝身上的问题都是不得了的大问题，是妈妈们要冲在第一线解决的问题，而抑郁，心情不好，烦躁……妈妈们来不及述说，无从述说，没有由来述说，也不应该述说。

抑郁在西方国家的表述中，常常用"婴儿忧郁"（baby blues）来描述，指在女性生产后的情绪不良的症状，与中国一样，人们对"婴儿忧郁"（baby blues）的重视程度不高，通常认为，这种情绪困扰是新手妈妈还不适应如何带孩子而导致的，会随着孩子长大慢慢消失。

然而，在一些妈妈们的口述中，抑郁时的无助，抑郁时的沉重，抑郁时的折磨，都让妈妈们感受到了生命无法承受的重量。

抑郁亲历：无边无际的漆黑

金梅家住在汉口，我工作地点则在武昌，我们隔着一道长江，她到我这里要乘坐地铁，再转一道公交。我约访她，按道理我应该去拜访，但是微信里，她一直坚持要到我这里来，到我的办公室见面。

武汉已经入冬，空气又湿又冷，连续几天阴沉，终于飘起了雨，我担心金梅会因为天气而取消约会，没想到，我刚刚到办公室把空调打开，金梅的微信就来了，"我已经上车，一会儿见"，结束句后加了一个规矩的微笑表情包。

手边事情杂，时间过得快，还没有忙完，微信响起，金梅已经到了我办公楼下，我赶忙下楼把她迎上来。我把她带到办公室坐定，简单冲了一杯铁观音，我们的访谈就开始了。

"马老师，你知道我为啥要到你这里来？"似乎有什么默契，金梅开口就问出了我想问的问题。

我微笑摇摇头。

"唉，我很想上班，特别想！总是想出来到上班的地方找找感觉。"

金梅的全职经历并不连贯，从怀孕到孩子现在 7 岁，她至少两次重返职场又无奈回归。

结婚生子前，金梅在一家人力资源培训公司做文员。公司不大，业务不少，金梅工资不多，事情不少。金梅个性随遇而安，也吃得了亏，公司老总信任金梅，金梅对公司也很有归属感。怀孕后，金梅反应严重，老公替她做了主张，跟公司那边办了病休，金梅就在家待产，算是做一段时间全职孕妇。

在月子期间，金梅陷入严重的抑郁状态。

"整个月子期间,我都没有关过灯,白天也是照常,但是我回忆我的月子却从始到终眼前一片漆黑。"金梅说,"所以,出了月子我就回原单位上班,我不是上班,我是求生。"

那天金梅描述得很简单,她抑郁,她睡不着,她吃不下去东西。

我们告别后,过了几天,金梅给我发来了几篇文字,这几篇文字她已经上传到简书,不过她设置了"仅自己可见",她记录了月子时期的回忆,细细密密的细节把我带入到她漆黑的过往。

我本来应该因为他而强大,我已经像一头母骆驼,在生育了小骆驼之后,缓缓站立,然后就用鼻子顶起小骆驼,让它自己吸食第一口乳汁。辽阔的草场上,我用坚实的身体护卫着小骆驼,小骆驼也依恋着我。

现实的我仿佛却被刀横切成了两半,上半截有知觉,下半截无法动弹,腹部没有知觉在被单下面仍然隆起,我知道,我只能无力地躺在那里。我已经放弃去关注自己,应该很糟糕,折腾了那么长时间,我只能用手指梳理一下自己的头发,生产时出了很多汗,有点油,摸摸自己的脸,有些浮肿,仿佛在摸着另外一个人。我突然有点疼惜自己,想找一面镜子,想要一把梳子,想洗脸,但是我不知道找谁说。刚刚升级为爷爷奶奶的公婆欢喜地被亲戚们围着,老公也不知道在哪里。看着小不点儿,我很欣喜,也有兴奋劲儿,我想把他抱在怀里,感受一下做母亲的那种温馨,但是,产房里面我却找不到一个要与之分享的人。他们得到了一个孙子,一个侄子,一个侄孙,但是他们的开心好像跟我没有关系,我甚至不想让他们看出来我喜悦,他们那种添丁进口的喜悦怎么能跟我劫后余生的喜悦相比呢?

我把眼睛闭着,头转向窗外,过了一会儿,儿子哼哼唧唧,我转过头,看到护士急匆匆地说:"饿了,饿了,你们赶紧准备冲点奶粉,妈妈也让宝宝吸一下啊,要是准备母乳的话。"我婆婆马上过来把儿子抱起答应着:"母乳,我们母乳。"连忙把我的床摇起,手就伸到我的乳房去按,"现在估计还涨不起来。"婆婆忙着团团转,一会儿张罗着让公公去烫奶瓶,一会儿让她妹妹去找水壶过滤水,然后就把儿子放到我怀里,让儿子试着吸吮。所有的事情都有关育儿,但是所有的事情都与我无关。

我无力迎合,更无力配合去笑。我对着儿子的侧脸,希望他能吸吮出一点什么,腋窝下乳腺处只有一丝丝感觉,距离婆婆说要"发涨"的感觉还很远。婆婆一直在边上问:"有没得?有没得感觉?涨不涨?"我摇摇头,把孩子的脸从乳房上推开,婆婆意识不到的冒犯已经让我怒火中烧,但是我不能,我突然意识到,站在这里的所有人都与我没有血脉关联,我还没有开始孤军奋战,就已经丢盔卸甲。

月子期间,金梅整个人陷入抑郁,找不到解脱办法的时候,她甚至想到了"自杀"。美国伊利诺伊州立大学运用爱丁堡产后抑郁症量表(Edinburgh Postnatal Depression

Scale）对1107人进行了产后问卷随访，在应答的790人中，有15.4%的人患有不同程度的抑郁症，低龄或高龄初次生育、辅助生产、无母乳、产后照护不良，以及有不喜欢的人在身边等因素都有可能导致抑郁症出现。一些女性参与了产后抑郁的网络调查，用留言的方式描述了产后抑郁的症状，一些女性描述了自己易哭、易怒、畏惧、情绪失控等问题，也有症状严重的女性描述了自己强烈的自杀倾向。

人们对产后抑郁症的认识开始不断提高，大部分人开始能够接受女性在产后会出现抑郁问题。著名演员波姬·小丝细腻地写出了自己经历产后抑郁的过程，《堕入雨中：我的产后抑郁历程》，她描述自己如何经历了持久的情绪低落："我每天都沉浸在悲伤中，遇到一小点问题，我都觉得自己要崩溃了，我怀疑自己，我什么也做不了，为什么不能像其他妈妈一样去爱自己的孩子，全身心地照顾孩子，逗孩子开心，看着孩子，我感受不到一丁点幸福。我不断地在心里重复一句话'我一定是个坏妈妈'，我甚至怀疑我是不是不应该把女儿带到世界上，我陷入自责—愤怒—自责的死循环中，走不出来。很长一段时间，我睁开眼睛，都希望我不在这里，希望我不在孩子身边，也不在生活里，我宁愿消失，逃避这让我难过的世界……"

国外也在不断探索对经历产后抑郁症女性进行护理和康复的方案。美国、英国的产科医院会在产前对女性抑郁可能性进行评估，并对高风险女性提供心理照护和支持；医疗社会工作者会帮助经历产后抑郁的女性建立小组，鼓励她们分享彼此的心得，推动她们彼此互助；儿科、产科、精神科医生也在积极论证应对产后抑郁精神药物的安全性和必要性；心理医生和社会工作者还会对产后抑郁女性的家庭进行评估和介入，协助家人们建立对产后抑郁的正确认知，指导家人如何去与产后抑郁妈妈进行沟通，如何引导她们缓解抑郁情绪。

无奈回归，没有选择的选择

金梅从外地嫁到武汉，父母居住的农村与这里相隔1339公里，金梅结婚时父母来过，住了三天就回去了，风俗相隔，水土不服。金梅与这座城市最深的关联就是这场婚姻，准确地说，是与老公的感情。金梅没有想到，伴随孩子降生，她获得的爱没有变得更加深厚，反而脆如薄纸。一个月时间里，公婆的注意力全部都在孩子身上，老公不知道是忙于工作还是忙于游戏，忽隐忽现。她不再是金梅，也不是妻子，甚至不是一个女人，一个刚刚生育了孩子的年轻女人。她的头发干不干净没人关心，她的脸洗没洗没人在乎，她热了还是冷了，她吃没吃饱，全都没有一个人真正地关心。她仿佛是将卫星推动进入轨道的火箭助推器，人们仰望着已经滑入轨道的人造卫星欢呼雀跃，而她已经粉身碎骨掉落到不知道哪里的去处。

她突然想到了公司,她工作的那栋被挤在步行街角落的三层建筑,不大的办公室挤着六个人,她的格子间就在门口,同事笑她是门神。虽然不挨着窗边,她还是在冬天买了几个风信子花球放在高脚玻璃瓶里摆在了窗台,至少她走进办公室可以看得到。业务多的时候,几乎每天都在加班,节假日、周末,本地的同事几乎都走光了,她一个人守着电脑和键盘,她有点抱怨,但是看着马上就要完成的工作,成就感又支撑起了她。

"仿佛思念家一般地思念办公室,仿佛思念亲人一般地思念老板。"金梅大笑起来,整齐洁白的牙齿瞬间让有点阴郁的气氛明朗起来。

孩子满月后,金梅立即联系了原来的公司回去上班了。

她甚至比以前还喜欢工作,更热衷加班。公司有了一次出差业务,经理把机会给了金梅,金梅第一次出差,第一次坐飞机,到了从未去过的深圳。她非常兴奋,办完了公务还抓紧时间去逛了"世界之窗"。

金梅婆婆一直念叨,孩子身体不好就是母乳不够,月子时候不好好喂,出了月子就断奶,在公婆嘴里,金梅自私至极,不是好媳妇,更不是好妈妈。

孩子半岁时患了肠胃炎,急性转慢性,整整半年,断断续续地呕吐,动不动就拉稀粑粑,整夜睡不好,哭闹。金梅跟婆婆晚上熬着夜护理,白天跟着公公去医院打针、取药,精心调养孩子的辅食,换了无数品牌的奶粉,前前后后折腾了半年。

"不敢回想,真的不敢回想,我现在路过儿童医院门口,腿都是软的。"

那段经历让金梅只能放弃自己,"月子里我很被动,被动放弃自我,这一次我主动放弃,我没有选,我只能回家照顾孩子"。

被锤进妈妈的模板,忍成内伤

金梅称自己是"身在客场的全职妈妈","主场"全职妈妈至少能够"我的领地我做主",探索育儿模式,掌控育儿节奏,建立培养孩子的独立时空。"客场"全职妈妈就不同,她所有喜爱的育儿理念、执行的育儿作息、树立的育儿边界全都与婆婆发生碰撞,金梅几乎每推进一步都要挣脱着婆婆在背后的束缚。

"马老师,儿子上幼儿园之前,我每天心理都处在战斗状态,家就是战场,但是我真的又不能把公婆当敌人。很多怨气,很多委屈又不能发泄出来,我就只能自我攻击,心理内伤。"金梅的笑容全部收敛,我知道"内伤"意味着什么,意味着伤痕无形地缠绕住内心,意味着所有的疼痛无法示人,意味着任何药物针剂无济于事,意味着即使灵魂缠裹纱布,仍然不能下战场。

我当然能够理解,职场妈妈很难,但是她至少有一个职场作为支点,可以在育儿的深潜中浮出水面。办公室虽然不是绵软的沙滩，也不一定总是阳光普照，至少妈妈可以把它当块礁石，立足于此，凝神定气，屏蔽孩子的吵闹，家人的添乱，她也可以以站立的姿态反思下育儿状态下的自己，为自己出出主意。当然，更不用说职场中那些"过来人"姐妹，你的处境无论多囧，都能引发一个或多个姐妹的共鸣。很多妈妈生育了宝宝回到职场会陡然发现，平日可能那个不好相处的办公室主任，听说宝宝吐奶会提醒你拍背的姿势；总是冷若冰霜的人力资源部副部长也会善意提醒你准备材料报销生育费用。回到职场的妈妈，午餐时分进入到女人们育儿私语俱乐部，有关宝宝的可以在这里分享与讨教。职场冷峻的一面很多，但是，只要大家拥有过生育经历，它有可能提供一些缓冲和支持。

可惜，这一切金梅都错过了，与其他全职妈妈一样，她全部的空间就是家，全部的时间都在家，全部的世界就是孩子，全部的角色就是妈妈。似乎从儿子出生，金梅就被丈夫的家庭挤入到一个"妈妈"的角色，而且，这个角色都是由别人设计好了的。金梅原本希望赋予的妈妈角色，拥有爱的力量，拥有被孩子尊重的能力，面对困难的勇气。妈妈这个角色应该柔软而坚韧，丰富而包容，但是，金梅没有被爱所激发，也没有得到包容的鼓励，她历练着生活的摩擦，琐事的挤压，被一点点捶打进"妈妈"这个模版，这样的妈妈是什么样呢？无穷尽的操劳，伴随着喋喋不休的抱怨，心里藏着说不出的委屈，生活过得无比乏味，金梅绝望却又肯定地说，"只做这样的妈妈不如不做"。

全职妈妈们承受着更多压力,与其他人群承受压力不同,全职妈妈难以建立边界,缺乏物理缓冲,面临的任务又是状况百出,随时待命。妈妈们无法准确地说出到底是什么事情构成了压力,她们也无法说出一天中什么时间压力最大,她们没有应对压力的方法和模式,而且她们经历的压力类型经常是这个群体所独有。

育儿变成 KPI,承担起家庭乃至家族阶层保卫战的重担

20 世纪 70—80 年代,美国经历了冷战时期的经济腾飞,随后进入到财富分层的固化,富人阶层不仅掌握了巨大的社会财富,而且还用创造和垄断文化资本的方式使财富实现稳定的代际传递。其含义就是,富人拥有一套识别自己人的文化密码,从政治倾向到语言表达,从兴趣爱好到社交礼仪,都区别于中低阶层文化。这套文化集中在私立教育体系内呈现,孩子只有通过入学门槛进入到收费昂贵的私立学校,才能为接受上流阶层浸染打下基础,而这样的学校无一例外都要求母亲一定是位全职妈妈。

在美国,学校分层从幼儿园就已经开始,为了能够进入私立幼儿园,母亲需要在孩子 0 岁时就准备好一切,大脑开发、认知启蒙、行动训练、圈子构建,是的,你没有看错,0 岁时候,母亲就要处心积虑地为孩子建立阶层匹配的玩伴。

对于美国上流社会母亲来说，孩子的自然属性最好不要出现，孩子从小就要将教养内化在骨子里，不能鲁莽，更不能粗俗，一句脏话也许会引起老师对孩子家庭背景与教养的深刻怀疑，很可能就被逐出这个圈层，濒临降维打击的风险。进入学校的孩子，智力能力存在鄙视链，连语言水平、兴趣爱好都有鄙视链，会不会马术？野外能否擅长登山和划桨？小学阶段是否会熟练使用文法？是否能用精致代码呈现主张和看法？（法国社会学家布尔迪厄曾经将不同阶层的语言使用分为精致代码和限制代码，工人阶级的孩子经常使用的是限制代码，其特点是句式简单，指代词汇使用混乱，句子结构单一，缺乏抽象词汇。精致代码则相反。）只有占据到顶端，才能通过一而再再而三的面试，进入到常青藤名校，实现家庭社会阶层的保卫战。

这种教育目标指导下，几乎没有放养的孩子能够获得成功，每一个"成功"保住阶层地位的孩子背后都站立着一个投入巨大精力和无限时间的妈妈。妈妈们设计培养计划，妈妈们讨论培养方案，妈妈们陪伴在孩子左右。在孩子入学后，全职妈妈想尽办法进入班级乃至学校的家长委员会，负责学校的慈善活动，参与学校的文化节日策划，她们将自己锻造成强大的教育系统，甚至希望自己一举一动都可以对孩子起到示范的作用。

学者哈斯观察到这一现象并且将此种教养方式称为"密集母职"（intensitive mothering），指凡事以孩子为中心，听从专家的育儿建议，代入全部的情感和热情，以及伴随着金钱和时间的投入。从观察者角度，这些身处育儿阶段的女性已经完全失去了自我，她们以孩子的立场设计生活，以孩子的视角观察周遭，以孩子为主位设计交往圈子和交往内容。但是，她们失去自我的同时，却将她认为有利的一切给予孩子，孩子的生活被精心设计，孩子的时间被精心安排，孩子的朋友被精心挑选，孩子没有犯错的可能，甚至没有尝试犯错的可能，孩子没有探索自我的空间，也没有树立自我的机会。在这个意义上，孩子也没有了自我，孩子与母亲被密集育儿紧紧绑缚，两个自我都被啃噬消耗。

美国的这种情况基本出现在富人阶层，而在教育资源更加稀缺，人际竞争压力更大的东亚社会，这种密集母职已经全面渗透到中产阶级，如日本、韩国，妈妈们把自己全部精力投入到育儿之中。而近些年来，"密集母职"概念在我国城市中产阶级家庭找到了对应现象。

母亲这个角色背后已经不再站立着活生生的人，人们对于"母亲"所提出的是近乎"职业化"苛刻标准。无论是气质个性，还是言谈举止，不仅是幼儿养育，还是家务料理，都有无穷尽的标杆，指导着、要求着女性去做一位优秀的"母亲"。职业化则要求母亲建立目标指向，有规划重点，形成工作方法以及实现效能产出，目标指向是培养出优秀的孩子，规划重点则是围绕孩子，工作方式是陪伴、劝导加示范，实现产出就是升入高中重点，为进入985高校铺平道路。

那些爆款微信公号里,孩子是"优秀产品",妈妈做"产品经理"

在一次户外活动中,我结识了夏霖,她齐耳短发,无边框眼镜,紫红色修身连衣裙,披着一件黑色薄羊毛开衫,虽然是户外活动,她也穿着一双半高跟黑色裸靴,显得十分干练。在活动的自我介绍环节,她描述了自己的职场经历,从一家国企的技术总监到合资企业的医药代表,职场经历丰富,看得出来,她曾经是一个在职场非常追求上进的女性。

我主动自我介绍,想对全职妈妈进行访谈,夏霖欣然接受,次日我们就约定在一家书吧见面。刚一坐定,寒暄了一会儿,夏霖歉意地说:"马老师,你是大学老师,我有几个问题想先请教一下。"我当然接受,心里想着应该是跟孩子教育有关。果不其然,夏霖两个孩子,大的儿子就读高一,小的女儿还在上三年级,"两个孩子好像没有什么特长,不知道如何规划。"夏霖谦虚地说。

儿子出生时,夏霖还在职场打拼,父母帮忙承揽了一切,儿子成绩始终平平,也没有培养起什么爱好,初二的时候还染上了网瘾,好不容易就读到高中。在我们所在省份,初中升高中的比例是50%,意味着有半数的学生没有机会升入高中。夏霖和丈夫都是通过苦读从乡村到省城上了大学,实现了命运的改变,丈夫至今仍是整个家族唯一考上重点大学的人。在夏霖看来，儿子如果连大学都读不了，不知道以后的路怎么办。

夏霖当然不可能接受孩子无法上大学的现实。儿子初二下学期，开完了家长会，那时儿子的成绩已经注定无法考上高中，夏霖下定决心，辞职，陪读。

"不是他上初三，是我上初三，我把两个人的初三都上了，整个初三，只要放学，我几乎分分钟都盯着他，儿子所有的课业内容我都要先学会，再手把手教他。刷各种题，一遍肯定不够，三遍也不行，十遍，二十遍。"

应付着逆反，对付着叛逆，夏霖软硬兼施，威逼加利诱，跌跌撞撞，终于把儿子送到了高中。

"这也是刚刚开始啊，还有三年的路要走，现在竞争这么激烈，上一个普通本科也没有任何意义。"

夏霖咨询我如何给孩子进行专业定位，一边还把全国高校可能相关的专业捋了一遍。我暗自惊叹，比起对高校的熟悉程度，她可比我这个高校老师还内行。

夏霖总觉得自己错过了儿子的幼年成长，才让学业成就之路走得如此艰难。对于女儿，夏霖早早就打下基础，按照她的原话"100天培养一个好习惯"。阅读习惯100天，练字习惯100天，英文诵读习惯100天，钢琴弹奏习惯100天……

"我对女儿很放心，书法获得了两个省级的奖项，毕竟她的习惯基础都打下来了。"

"至少在申请重点初中的时候，孩子的简历上已经有了不少内容。"

我听着夏霖的育儿实践，汗颜得已经坐不住了，对照着夏霖的用心付出，我心里直打鼓，我回想着对孩子的疏忽大意、放任自流，觉得自己在犯罪，恶果已经酿成，我已经自动脑补自家那平庸散漫、胸无大志的娃，如何与夏霖的女儿在同一平台上竞争。夏霖把全职妈妈的价值发挥到了极致，孩子成长的每一步都体现着夏霖的付出。

好不容易，我终于把聊天拉回到访谈本身。

夏霖原本极有事业追求，参加工作第五年，企业迎来行业检测，她前后加班三个月没有休息一天，而那时她已经怀孕四个月，产假是从临产那一天开始算起。

"父母对我期望很高，尤其是母亲，她出生农村，12岁上小学，22岁初中毕业，当上民办教师，生育了我们姊妹四个。自学成人高考，49岁那年转为正式编制。她事业心极强，从不因为我们姊妹的事情请一天假，也是她最不能接受我做全职妈妈。"

夏霖身处的环境已经与母亲那个时代完全不同。计划经济体制时代，教育市场化改革之前，社会福利供给基本均衡，大城市学校提供的教育内容和偏远地区农村学校教授的内容差不多，孩子通过自己的天分与努力获得回报，人们尚没有被教育鸿沟拉开社会距离。如今，教育市场化加上社会分层，孩子必须要确保登上与父母当年差不多的教育平台，才不会被挤出中产阶级队伍。过度的竞争压力让父母不断追加学校以外的教育内容，才能让孩子在竞争中崭露头角。在北京、上海的一些高端私立小学，孩子入学标准已经提高到掌握马球、冰球等某些冷门体育运动，流利阅读英文读物，掌握至少一门乐器。孩子若能满足其中的一到两项标准，都必然要求这个家庭的妈妈"专职"养娃，这个专职产品就是"高品质"的孩子。这些都让放养的家庭望尘莫及。

母亲高投入是孩子优秀的必然因素？

夏霖也说出了她的困惑，有一天她开车送女儿上学，聊起了头一天老师布置的作业"我的理想"，夏霖问女儿："你的理想是什么呀？"女儿回答："像你一样，当个妈妈。"夏霖马上正色说："不行，怎么能说当妈妈，老师说理想是你要当科学家还是艺术家，不能只当妈妈，多没出息。"夏霖那一天内心都很矛盾，她不希望精心培养的女儿，拥有了无数的才华，最终只满足于在家里像她一样做一位全职妈妈。但是，她又不确定，曾经如此热爱职场的她，不是也退居家庭吗？为什么女儿一定就是例外呢？

全职在家的两年多时间，夏霖每一天晚上必须在家陪伴儿子学习，没有独自旅游过，没有悠闲刷剧过，甚至连与朋友聚餐都没有。与老公的结婚周年纪念，自己的生日，通通都在家草草度过。为了孩子的学习，一切都靠边站。

"要说全职妈妈悠闲，我真的不同意，我体会到其中的滋味，根本就是24×7啊。"夏霖感慨。

夏霖从职场回到家庭后，她的责任也变得更重，似乎孩子所有的事情只要妈妈在就都能解决。儿子学习成绩上来了，固然夏霖起到了决定性作用，那么孩子的心理素质呢？孩子的社交能力呢？创造力呢？夏霖发现儿子有点孤僻，朋友很少，对于这个阶段的男孩而言，儿子显得郁郁寡欢，她担心内向会影响儿子的发展，但是她也真的无能为力。她本来不应该自责，交往能力与性格有很大关系，而性格中间，遗传起到了一定的作用。夏霖觉得，因为她全程看护孩子的成长，所以孩子出现的所有问题似乎都要归责于她，她总是无端地责怪自己，母亲变成了追因的最终一环。

母亲，即使是全职在家的妈妈，对孩子的影响也是有限。诚然，心理学家、教育学家通过大量实验研究证实了母亲在孩子成长过程中扮演着重要角色。

20世纪60年代，美国心理学家玛丽·艾因斯沃斯（Mary Ainsworth）发现和总结了婴儿对母亲不同的依恋类型：安全型依恋、痴迷型依恋、回避型依恋和矛盾型依恋，婴儿依恋类型与母亲的照顾方式有关。艾因斯沃斯随后又对不同依恋类型的婴儿进行了追踪研究，她发现，婴儿期的依恋类型会严重影响一个人进入成年期后的亲密关系，高质量的亲密关系会让人有强烈的幸福感、满足感，她（他）有感知爱、给予爱和享受爱的能力，能够正确地爱对方，信任对方，在爱中推动对方，也成就自我的成长；她（他）有非常完整自尊，在人际中可以游刃有余地把握进退的尺度，可以建立亲密无间的沟通模式，同时又尊重爱人的边界；她（他）能够悦纳自己，同时也会给予对方充分的接纳和包容；她（他）能够在对方的爱中得到价值感的满足，高质量亲密关系能够提供人继续成长的动力和继续探索未知的勇气。

可见，母亲对于儿童的影响主要是情绪和情感，但是后续一些学者却将母亲作用无限放大，母亲的行为举止，气质类型等，无不与孩子的成长有关，这类型研究将作为母亲的女性自我剥夺干净，只留下需要亦步亦趋遵从养育科学的母职。

整个社会、家庭潜移默化地营造出"妈妈最重要""妈妈最关键"的育儿氛围，随便翻阅公众号很容易看到如何当好妈妈的告诫。海量育儿博主"凡尔赛"地讲述优秀宝宝的成长经，孩子存在任何问题，要不就是妈妈"笨拙"，缺乏学习的能力；要不就是方法不对，错过孩子各种最佳成长期。作为在职妈妈，她还可以将育儿责任推卸给工作，育儿的心理负担被业务能力平衡掉，而全职妈妈，专注带娃，娃就是成绩，娃就是业绩，娃就是衡量价值的唯一口径，全职妈妈全身心扑向"育儿"，心里却仍然被隐隐地"愧疚"折磨。

现代社会中的母亲角色，她的成就是无限投入换取系列悖论产出。这系列悖论就是：人是社会动物，但却给他孤独的环境；人需要合作能力，却要培养他一枝独秀；人生并不是一条指数增长曲线，却要求他一切顺遂；母亲本来也只是一个随机律，却非要求她是因果律。她用生命与悖论搏斗，大概率成为输家。

整个一个下午，与夏霖聊的内容并不多，三个关键词

"孩子""成就""教育",我不知道她对自己的规划是什么,是否重回职场?或者什么时候乐享一下生活?似乎都没有可能,按照她自己的话说:"路漫漫其修远兮。"她的全职养育之路还看不到终点。

养育一个孩子需要一个"村庄",放下密集育儿的执念

如果我们将目光投到部落社会,不论是非洲草原上的昆人,还是居住阿拉斯加的因纽特人,无论是墨西哥的玛雅人,还是密克罗尼西亚的伊法鲁克人,我们不会看到一个母亲被绑缚在自己的孩子身边,或者说,孩子们被一个母亲绑缚。现代人家庭的密集育儿很容易被部落社会看作是孤零零的母亲看守着没有什么玩伴的孩子,每一个孩子由于缺少社会支持而显得胆小畏缩。

与黑猩猩一样,育儿并非人类本能,需要后天学习。早期人类社会一直都是由群体来照顾孩子,有的是外婆、姨妈,或者大一点的孩子帮母亲看护小宝宝。人类学家在村落需要驻留很久,才会分清楚小孩的母亲到底是谁,因为白天,这些断奶了的孩子们都在各个地方穿梭,每个人都可以为他(她)提供照顾。年轻的母亲需要在年长女人的帮助下才慢慢学会照顾孩子,人们耐心地等待女人学习如何做一个母亲,犹他大学人类学家凯伦·克莱默(Karen Cramer)在南美洲

部落社会进行了多年的观察，她看到的所有养育方式都是合作式养育，很多社会并没有对"妈妈"的专一称呼，一个小群体的所有女性都是孩子的母亲。现代社会之前，没有令人窒息的养育要求，没有对孩子追求卓越的压力，没有绝望的母亲，也没有忧郁的孩子。人类学家简·布瑞格思（Jane Briggs）在因纽特人中间，观察到这个社会里的孩子们完全不会受到严厉的苛责，他（她）们培养合作，懂得谦卑，成人为孩子们提供温和而友善的成长氛围。

美国儿童发展心理学家、教育家，《园丁与木匠》（*The Gardener and the Carpenter*）一书作者艾莉森·高普尼克（Alison Gopnik）认为，"密集母职"严格遵循所谓"对"的教育，专注于把孩子的时间填满，让孩子具备一堆特长，就好像爱尔兰雄性麋鹿仅仅为了交配而长出巨大的角，大而无用的角反而会让麋鹿丧命。"密集育儿"也是如此，孩子得不到均衡发展甚至不利于人类进化。美国政治家希拉里·克林顿（Hillary Clinton）曾经引用过一句非洲的民谚："养大一个孩子需要一个村庄（take a village to raise a child）。"不仅孩子需要村庄，母亲也需要村庄，母亲需要伙伴创设合作育儿的场景，在合作中将孩子养大。

4

富裕的穷女人

全职妈妈的家庭政治经济学

我了解许多妇女，她们确实很害怕。她们什么东西都得向她们的丈夫要。因为什么东西都在她们丈夫的名下，房子在丈夫名下，就好像她们是无报酬的管家。她们得到维持家庭开支的钱，并且就这一点……她们担心是因为要是她们的丈夫带着别的什么人离开城镇，她们还有什么呢？什么都没有。她们不能住在她们的房子里，因为房子是在她们丈夫名下的，她们只有找到一个工作才能继续在这房子里住，她们真的孤立无援。（妇女，昆士兰煤矿，1990）

我认为妇女现在没有必要去工作，尽管我指的是已婚妇女……你不必因为工资而去工作。我的意思是约翰只要每周工作之外再加一次班，他就会得到你每周当临时工的全部工钱……那就算这个付税的男人未完全得到它。（妇女，中昆士兰煤矿，1990）

——〔美〕J. K. 吉布森-格雷汉姆《资本主义的终结》

女性也有可能是狩猎者

在菲律宾吕宋岛分散的山地之间，生活着一群土著居民——埃塔（Agta）人。20世纪60年代，人类学家开始关注研究埃塔人的女性猎手。长久以来，人类学家们已经默认了一个模型，即"男人狩猎者模型"，并围绕这个模型来进行拓展解释，如雄性荷尔蒙与睾丸激素促使男性更容易从事捕猎活动，男性更愿意冒险，而猎杀活动有效加强了男性之间的联盟，扩展了男性之间的纽带。人类活动范围不断拓展也与男性狩猎活动有着密不可分的关系，包括人类的战争行为，与男性狩猎有着密不可分的关系。直到人们发现了吕宋岛上的埃塔人，他们皮肤黝黑，身材矮小，骨架小，头发卷曲，埃塔女性广泛参与部落的各种生计活动，她们编织各种用品，从簸箕、团垫，到为男人编织精美的臂章，她们还用芭蕉叶的纤维编织雨衣。部落中的医生也是由女性来承担，埃塔女性熟悉雨林中的植物，像专家一样去使用它们为人治病。

最让人类学家感到惊奇的是，埃塔妇女用实践推翻了"男性狩猎者假说"，她们会结伴打猎，不仅熟练地使用弓箭，她们还会训练猎狗，她们可以杀死很大一部分野猪和鹿。在卡迦延山谷的纳纳杜坎，人类学家进行了55次，一共185

天的观察和记录，女猎人团队杀死了22.2%的猎物，成功率为30.4%；男女混合小组的捕获占所有肉类的35.0%，成功率为41%。渔猎方面，妇女显得尤为矫健，无论在汹涌的深水还是平静的浅水滩边，她们都善于用鱼叉来扎鱼，在埃塔，食物主要依靠女性来获取。

考古学家也为推翻"男性狩猎者假说"做出贡献。一系列考古证据表明，在远古社会，作为狩猎者，女性一点也不弱于男性。2019年，考古学家在安第斯山脉的一处人类遗址中发现了一具距今9000年前的女性骨骼，她被命名为"WPI6"，在她身边随葬着石质箭头、长矛和投掷器等狩猎工具，而且箭头的样式证明，墓主可以使用它们猎杀较为大型的动物。研究者还对同时期27位在墓葬中有狩猎工具的人类骨骼进行分析，有41%的是女性。

考古学家还对狩猎工具进行了研究，他们发现，梭镖投掷器、长矛投掷器使用较多的地方，女性和儿童参与狩猎的比例会比较高，因为投掷器的使用会大大降低狩猎对力量的要求，能熟练使用投掷器的女性一定会是一个优秀猎手。

中古时期，活跃在斯堪的纳维亚区域的维京人，由于勇猛善战，长期沿着海岸线乘坐船只侵扰英国和西欧，被世人称为"战士民族"。瑞典在20世纪初陆续发现维京人的墓穴，人们想当然地认为，这些墓穴的主人都是男性。但是，2017年，科学家利用古人类基因技术进行测量，发现其中有大量的女性，陪伴她们埋入墓葬的是各种武器和战利品。

　　这些证据不仅推翻了"男性狩猎者"假说，而且还提供了男女两性在人类社会早期经常合作的证据，至少在农耕社会定耕带来的定居之前，男女经常在一起合作，他们不仅共同觅食，而且还共同狩猎。

　　现代化职场出现之前，人类经历了漫长的狩猎-采集时代、刀耕火种时代、农耕时代、游牧时代等，都没有严格的基于性别分工的收入差异。男性从事大田劳作，妇女从事纺织和采茶；男性狩猎，为家庭和部落带回肉类，女性则采集浆果、蜂蜜、昆虫；男性策马放牧，女性接生羊羔，制作各种奶食。传统社会，一个家庭单位就是一个经济单位，男女两性都为家庭经济贡献不可或缺的劳动力。

　　在一些社会，女性还拥有着不可或缺的劳动技艺，成为支撑家庭经济的重要来源。黎族世居我国海南岛，千百年来过着自给自足的农耕生活，直到今天黎族还保存着非常古老的制陶技术"泥条盘筑制陶"。据学者考证，这项技艺的历史可以追溯至上千年。黎族家庭使用的所有陶制器皿都是手工制作完成。这项技艺专属于女性，女性结伴淘泥、筛沙、和泥、盘筑，做好的陶制器皿，既可以用来家用，也可以交换盐巴、铁制工具。

　　传统黎族社会有很多习俗保护着女性，甚至是已婚女性的相对独立性，如玩隆闺、不落夫家、妇女死后归葬娘家墓地等习俗，具有浓厚的母系社会色彩。这些陆续涌现的人类学、考古学证据一再刷新着我们对于性别分工的认知，可能我们所谓的男强女弱、男主外女主内的观念，不过是很晚、很新却造成对女性严重束缚的观念。反过来，我们也可以进一步思考，由于男性与狩猎工作绑定在一起，无形中赋予了男性具有天然的攻击性、侵略性和占有性，这种预先的假设鼓励了一个原本人畜无害的男孩不断滋生和强化自己的攻击性，并且可能还因为展露出来的勇猛等特点而被不断鼓励和强化。

不在职业体系之内，就没有市场薪酬

女性能够生育的生理事实使女性天然地与照顾孩子联系在一起，但是，全职妈妈这个概念却是一个现代词汇。全职妈妈意味着，除了作为一个妈妈以外，这个女性并不拥有其他的职业身份。市场经济时代，人们必须通过职业身份来赚取各种经济资源，她或者是一位教师，在教育领域赚取收入；或者是一位金融工作者，在金融领域用专业取得收入；他可能是一位送餐员，在快递行业赚取劳动成果；也可能是一位自由职业者，画画、设计、写书等，用一技之长来换取收入所得。也就是说，一个人如果没有职业支撑，那么他（她）就只能被排斥于经济活动之外，经济上无法获得独立。

在这个背景下，作为无法进入职场，或暂时无法进入职场的已婚女性，她们事实上默认了一种分工形态，丈夫在职场获得经济收入，而自己则处于职业体系之外，在家庭中承担无市场薪酬的工作。

一位严格意义上的全职妈妈,她所有的劳动都不能在市场上变现,她既不能将自己的母乳拿到市场上销售,也不能把晾台上种植的几颗生菜拿到超市里去卖。她给孩子唱了无数首催眠曲,襁褓中的孩子不能听歌后付费,她也不能因为给老公取了几次快递就按次收取"跑腿费"。"无偿"——既是全职妈妈劳动的特点,也是全职妈妈纠结的无奈。家务劳动的"无偿性"决定了全职妈妈的所有无奈,也为全职妈妈的家庭政治经济学奠定了基调——贫困着的富裕,表面上的衣食无忧掩盖不了财政权匮乏而带来的隐忧。

全职妈妈"讨薪之旅"

在一群妈妈闺蜜团中,鲍菁总是承担领头的角色,组织什么聚会,怎么组织,在哪里组织,都要靠鲍菁安排。我刚接触这些妈妈们的时候,总听到妈妈会提到"老大"。"老大"?如此江湖气的称呼,激发了我的好奇,直到后来参加妈妈们组织的"财商训练营"才得见其人,妈妈们口中的"老大"就是她。

鲍菁被称为"老大"有两个原因:第一,在一群玩得好的妈妈中,她年龄最长;第二,她阅历和经验丰富,性格开朗,喜欢组织各种活动,大家总是喜欢跟着她"搞事情"。鲍菁一头短发,干净利落,衣着朴素,行动干练,她的行头标配是一个洗晒得已经僵硬泛黄了的帆布袋和一个以前承装过雀巢咖啡的玻璃瓶，作为她的"御用"茶杯。

刚刚接触，我就觉得她一定不是资深的"全妈"。果真，跟她聊起来才得知，她曾经也是一位职场达人，17岁就参加工作，27年的职业生涯中前后从事过11个工作，工作性质跳跃性也很强，做过钳工、策划、文秘、推销，还曾经在亲戚开的餐饮店里做过半年的店小二。

"全职回家做妈妈，主要是因为孩子。"

鲍菁的儿子一直都是爸爸管得多，爸爸的教育方式简单、粗暴，到了初一，儿子严重叛逆，逃学、说谎，老师还在儿子书包里发现了香烟。鲍菁每次说老公管教方式有问题，老公总是甩给她一句话："儿子你要管你自己管，我管不了！"

"思来想去，也就只能为了儿子，放弃工作了。"

鲍菁说："我辞职很冲动，所以后来发生的一切就很被动。"鲍菁没有跟老公商量好任何财务安排就辞职回家专心陪娃了。陪娃确实难，尤其是这娃长得已经比自己高，脾气又倔，动不动就把自己反锁在屋里，整天不跟妈妈说一句话。

鲍菁说："在职场的时候，我是有什么说什么，直来直去，我还特别愿意说，话憋不住，说不出来我就很郁闷。"但是，面对儿子，鲍菁知道，自己的脾气一定要收敛，直来直去肯定是大忌。鲍菁不知道如何下手，只能求助育儿书籍。

"我一下子在当当买了500多块钱的书，什么青少年心理、育儿指南、正面管教之类的，饥不择食，统统买回来，一本一本看，一本一本记笔记。"

学完了之后要实践。鲍菁开始观察儿子，分析儿子，寻找儿子叛逆的症结，了解儿子的青春期心理。

"但是感觉自己还是瞎猜为主，真会为辅。一会儿觉得儿子是恨他爸爸，有'弑父情结'；一会儿觉得他可能暗恋哪个女孩，是青春期冲动。反正，书本看到的，就往儿子身上套。"

"反反复复，折腾了有半学期，中间的辛酸真的绝对比上班要苦多了。"鲍菁后来意识到，最有效的教育方式还是沟通。鲍菁与儿子的关系越来越好，但是，鲍菁的经济状况却越来越糟糕。

"我虽然一直上班，却没有积蓄。本来我工资就很少，最后一份工作，扣除其他，拿到手里一个月也就4000多，交儿子的培训班学费，买衣服，给家里买菜这些，基本都是我开支。父母公婆平时也要给一点，加上我工资每个月还要还1000多的车贷，辞职回家那个月，我手里只有万把块钱。"

所以，等到与儿子的关系越来越和解的时候，鲍菁与老公的经济矛盾开始浮现。

鲍菁活灵活现地记录了一次她的讨薪，我看着笑，心里却很不是滋味。

儿子初一，学习成绩一般，有段时间叛逆，我一狠心，辞了职，专心在家陪儿子，过了半年，儿子成绩有起色，年级排名从500名的靠后位置，挤入前200强。

老公开心，转了1000元红包给我，还留了个言："出成绩！有进步！"

晚上吃完饭，又加了一句说："以后你全职，我每个月给你1000元，辛苦费。"

我当了真，还把老公第一次转钱的日子，记在了手机日历上。

第二个月17日，我向老公提醒：

"涛爸，这个月1000元辛苦费还有没有？"

老公嘴里的最后一口馅饼还没有咽下去，含糊地说："什么？辛苦费？哦，有，当然有。过两天转给你。"

我不放心，又加了一句："那我过两天，19号，再提醒你哈？"

老公早已经蹬上鞋子，推门走了，没说"好"，也没说"不好"。

到了19号，吃过早餐，我再次提醒："老爷，19号啦。"

老公："嗯。"

我说："辛苦费，记得转给我。"

老公简单地"哦"了一声，又匆忙走了。

到了20号晚上，看了下我微信余额，仍然只有17.3元。

第一次转过来的1000元，买了几本书，跟儿子外出吃了几顿饭。每天早晨出去锻炼，穿了5年的安踏，鞋底已经撑不住了，就买了一双老年健步鞋，228元。

到了晚上，我实在忍不住了，捏着手机给老公看，问老公："1000元，辛苦费，今天20号，转给我吧。"

老公扫了一眼手机屏幕，怼回来一句："天天问，你差钱？！"

"以前我只知道和朋友谈钱伤感情，不知道夫妻之间谈钱更伤感情。"鲍菁看着读完文章的我，叹了口气。

我不能想象，一个被姐妹们称为"老大"的鲍菁竟然也有如此卑微的时刻。

身在职场的时候，鲍菁与老公的相处方式也就是经常互相揶揄。老公脾气倔，说话冲，鲍菁并不太在意，老公说什么怼什么，她都是打个哈哈就过去了。

"但是，这一次他就怼了一句'你差钱'？一下子把我僵在了那里，我想说是的我差钱，我特别差钱，我特别特别特别差钱！我想说你不知道我现在全职在家没有收入吗？我想说你以为我喝西北风都能活吗？"

"但凡我有班上，我有收入，我肯定立即怼回去。但是那天，我听完这句话，心里特别难受，想说的话在嘴边就是说不出来，默默地忍住了。"

整整一天，我都有些惶恐，盯着"17.3"的余额，真的不知道怎么办好。

鲍菁老公后来将钱转了过来。但是，"讨薪"的屈辱感却深深地触动了鲍菁。从结婚到生子，鲍菁与老公一直埋头打拼，努力在这座大城市赚取自己的一套房，一辆车，努力在这座没有任何亲人的城市立足。鲍菁笑着说："我和老公都是农二代，从农村来到城市全都凭借自己，结婚的时候我们住在城中村租来的平房里,我调侃自己,我和老公是'强强'联合,就是小强加小强。"

白手起家虽然艰辛,但是好处却是两人一直旗鼓相当,非常平等,鲍菁从没有思考过她作为个人在家庭中的位置。在这个两人建立的小家中,她付出理所应当,她索取也是理所应当,对老公,她从未区分过彼此。但是,这次"讨薪"让她一下子意识到,她在老公面前不再理直气壮了。曾经让她挺直腰杆的其实是她的收入,如果全职在家,她不知道将面临着什么。

"我当时的感觉就是,本来以为回到家里,是从陆地到了水面,我化身为儿子的舵手,在一望无际的海面上带领儿子前进,我战战兢兢地执掌船舵,海浪在我眼前翻滚,我只需要撑起船帆,顺着希望的风一往无前就可以了。但是,那天老公寥寥几句的打击,让我一下子看到海下面就是暗礁,到处都是暗礁,一不小心,礁石就会把我的小船搞得人仰马翻。"

跟希望的风相比,暗礁确实更加现实。

也许你会以为,鲍菁遭遇的窘境是因为"穷",老公收入不高当然不会在经济上满足老婆的安全需求。

但是,实际情况却并非如此,老公收入高低与老婆的财务安全并不呈现正比例关系,随着访谈逐渐深入,我发现,对于全职妈妈而言,经济困窘不是个例,而导致经济困窘的深层原因是权利困窘。

"抹茶冰激凌",这一口吃得到还是吃不到,关乎尊严

蕾蕾的老公是一家上市企业的技术主管,在这个岗位上,收入应该可以排在中国人年收入的前2%,无疑是富裕中产。蕾蕾住的是价值千万的单栋临湖别墅,开着保时捷卡宴,背的包不是LV老花水桶,就是香奈儿流浪包。我们经常会用"小富婆"来称呼她。

但是,她有着与她的用品不相匹配的日常花销。

我们一起点餐,她的套餐不会超过50元;我们逛街点奶茶,她会舍不得加料;看电影,她留心中午场的票价,可以便宜十几二十块;她想参加爵士班,也因为价格超过她的预算而作罢。

蕾蕾得知我要记录全职妈妈的故事后,主动加了我的微信,倾吐她的烦恼。

我们约在了我家附近的一个艺术手工作坊,我和蕾蕾相对坐定。眼前的蕾蕾一如往日地亮眼,她皮肤本来很白皙,白皙到有些透明,现在经常在户外,皮肤渗透进了阳光,显得更加健康。她的亮眼之处在于眼睛,蕾蕾眼睛不大,但是眼眸黑白分明,眼白还带着一抹浅蓝,她盯着你看的时候,总觉得她还带着点婴儿气的可爱。蕾蕾头发又黑又密,额头上总是冒出蓬勃的新发丝儿,让很多中年妈妈羡慕不已,她

在头发上紧紧卡了一只湖蓝色的发箍，把所有的头发都搂到脑后，但仍然挡不住发际线上的几根发丝在额前跳动。虽然已经是两个孩子的妈妈，但是整个人仍然散发着少女的气息。我点了一杯卡布奇诺，蕾蕾点了一杯美式，对话开场。

蕾蕾先问了我一个网络热词"抹茶冰激凌"，她问："马老师，你知道抹茶冰激凌吗？"

见我一脸疑惑，蕾蕾继续问："有个女演员叫刘敏涛，你知道吧？"

我点点头。

在"人物"栏目中，刘敏涛自述她的个人经历，她早年演艺事业顺利，可是她选择了退出演艺圈结婚生子，专心做全职太太。有一次她和家人一起到日本旅行，在清水寺，刘敏涛想吃一个抹茶冰激凌，但是老公拒绝了，说："这么大人，吃什么冰激凌？！"身无分文的刘敏涛竟然连一个冰激凌都没有吃到。

"我跟刘敏涛的境遇差不多。"蕾蕾苦笑了一下。

蕾蕾说，老公是一个有着管理强迫症的人，他把家庭也作为管理的一部分，而财务是他施行管理的最有效手段。

蕾蕾说："他并没有明确地限制我。"

蕾蕾老公给蕾蕾办了一张信用卡，是他信用卡的副卡，蕾蕾可以刷卡花销，但是每一笔花销，老公都知道消费了什么，在哪里消费的。

表面上，蕾蕾可以随意开支，财务自由，蕾蕾有一次在圣诞节前夕带两个宝宝去香港旅行，正值"黑五"打折季，蕾蕾列出一大堆购物清单，"我一直想要一块积家的REVERSO腕表"，跟老公说了，他欣然同意，除了腕表以外，蕾蕾还买了包包、鞋子和化妆品，孩子的几款乐高玩具和给家人的一些礼物，短短三天，蕾蕾就花销了十多万。

蕾蕾把购物战利品一一拍给老公，老公回复了好几个大拇指和玫瑰，其他什么都没有说。

"马老师，我以为那个就是自由，但是，我错了。花钱不是自由，怎么花钱才是自由。"

慢慢地，蕾蕾对奢侈品的追求没有那么热衷了，看到新款包包，也没什么感觉。"一只包买回来，就放在那里，我其实也没有什么地方要去，觉得很浪费。"蕾蕾开始想学一些东西，却并不知道要学什么，就跟小区的妈妈们一起学学插花、茶艺、刺绣，"有一阵很喜欢颗粒秀，也秀了出一些作品"。但是，这些爱好也不足以让蕾蕾有足够的热情坚持下去。

蕾蕾说："后来我想，可能是圈子问题。"与蕾蕾同住一个小区的妈妈，只要能在工作日白天出来聚在一起闲聊的，不用问，一定是全职妈妈。这些妈妈们组成了一个非正式社交圈，她们或者组团拼一个课程，请瑜伽老师或者花艺老师来开一门系列课程，或者在天气好的时候组织一次户外活动，带着各自的宝宝们外出玩耍，组团遛娃。妈妈们聚在一起，聊到的话题很有限，除了聊孩子以外，就是聊丈夫，她们并不直接说自己的丈夫如何，表面上她们聊的是自己：

"昨天，我们家换了一台洗碗机，本来可以约工人安装的，后来我一看，一点也不麻烦，就是钻两个孔，我就故意留给老公DIY，男人总是需要体现一点在家庭的驾驭感，要创造机会满足他。"

"我们不能事事都打理好，打理得太好了就变成保姆了，老公就看不到你的存在。所以，安排家政的时候，一定要留出几个选项，让老公来决定，要时时暗示他，他永远是一家之主。"

"我家爸爸喜欢国学，他们公司都在学，我也下载了曾国藩家书，音频讲解的，没事时候学一学，要保持跟老公总有话题聊。"

看着她们，蕾蕾感受到"用心"，感受到"投入"，感受到她们认真地经营着婚姻，就像经营着一份事业。但是，蕾蕾唯独没有感受到她们自己，她们从哪里来？她们少女时代的梦想是什么？她们的学习成绩好吗？她们是否曾经为了求职而苦恼？是否曾经为了加薪而拼搏？她们的闺蜜呢？她们的同事呢？

梁鸿在她的作品《梁庄十年》中说，在她的老家梁庄，女人总是隐藏在角落中，写在族谱上的是男人，张罗着各种仪式的是男人，起房立院的是男人，外出闯荡的也是男人，连想写一本村庄历史的作者也必须要听男人来叙述故事。

梁鸿与一群女人围坐聊天的时候，突然问起在座的五奶奶："五奶奶，你叫什么名字？"

嫁到梁庄五十多年的五奶奶竟然没有人知道她的名字。"韩家媳妇""霞子妈""万青家媳妇"她们也没有名字。与她们的名字一起失踪的，还有她们的童年，她们的儿时伙伴，嫁进来的女人，她们的娘家村庄在哪里？什么样？嫁出去的女人，你们都到哪里去了？

作者发出感慨："作为女性，一旦出嫁，你主体的某一部分就被抹杀掉了。"

梁鸿随后认真梳理了村庄的女人们，无论多么聪明、多么漂亮、多么可爱的女孩子，她们的选择只有出嫁，出嫁然后生子，然后守着家庭过着日子。生活再波折再坎坷也无法增添一丝丝的光彩，只能把本来就平庸的生活折腾得更加苦难，本来就操劳的女人折腾得更加苦命。作者用"芝麻粒儿大的命"书写着梁庄的女人们，"女孩子就是一个芝麻粒儿大的命，撒哪儿是哪儿。地肥沃了，还行；地不行了，那你就完了"。

蕾蕾眼前的全职妈妈们都是会被梁庄女子羡慕的"好命女子"，她们都过上了优渥富足的生活，比起梁庄的女人们，她们拥有更加广阔的空间，也有更加丰富的人生。然而，仔细察觉，她们之间仍然有着本质上的相似，她们的婚姻隐藏了她们的姓名，也隐藏了属于她们自己的快乐、忧伤，隐藏了她们原本追求的人生意义，抹去了更多的可能，并且把她们的命运悬吊在婚姻之上。

蕾蕾越来越觉得，妈妈们所谓的"兴趣派对"，所谓的"社交聚会"，所谓的"闪聚学习"，都指向一个目的，即维系现有的"婚姻"，维系住一个男人的忠诚，蕾蕾不甘于此。

探索与"醒来",要不要做"当代娜拉"

疏离了社交圈,蕾蕾又恢复了少年时喜爱阅读的习惯。偶然间,她接触到美国女作家玛丽莲·弗伦奇(Marilyn French)的《醒来的女性》(The Women's Room)这本书,一下子被触动。《醒来的女性》这本书里所描述的都是作者玛丽莲的亲身经历,她几乎完整呈现了 20 世纪 60 年代美国郊区全职太太的全部生活。被迫中止工作、丧偶式育儿、无休无止的家务劳动、妈妈们的社区交际派对……所有场景蕾蕾都似曾相识,全职妈妈那种孤独的感觉,那种在家庭中不被公平对待的感觉更是唤起了蕾蕾深层次的共鸣。

"她隐隐觉得自己只是在勉强生存,而她别无选择。生活日复一日,百无聊赖,她游走于各种责任间,朝着自己无法看清的某个目标前行。自由,这个词已从她的词汇表里消失了,取而代之的,是成熟。她隐约觉得成熟就是懂得如何生存。"

这种感觉几乎就是在书写自己。蕾蕾一本一本地读下去,《女性与人类发展》(Women and Human Development)、《因为性别》(Because of Sex)、《第二性》(Le Deuxième Sexe)……接触到很多关于性别平等的话题。

"阅读的时候,觉得自己解答了很多以前躲藏在我内心深处的困惑,觉得自己很强大。但是,懂得了这些跟谁交流呢，孩子？父母？家中的阿姨？没有人。"

蕾蕾有一次跟老公稍微说起自己最近阅读的内容，老公听了一知半解，马上就打住了蕾蕾的话，说："女权的东西不要接触，你跟她们不一样，你这么幸福，干吗折腾自己。"

蕾蕾发现，当老公拒绝倾听和沟通的时候，她真的一点办法都没有。老公并不生气，也没有强行阻止，老公还翻看了摆在卧室床头柜上的那本《醒来的女性》。他跷起腿，歪着头，捏着书页翻动了几下，嘴角露出了嘲讽的微笑："一个美国太太，还有这么多话说，资本主义也养懒人啊。"

蕾蕾什么都没有说出来，在老公发出嘲笑的时候，她甚至还附和地笑了笑。

只要老公回到了这个家，这个家舞台上的主角永远就是老公，她甚至都不是配角。老公只需要一个人的 solo（独白），他的逻辑自洽，他的理论强大，他的预判准确，他的能力超群，他是公司部门的主宰，他是家里的王。面对老公的时候，蕾蕾就是听众，而绝不是一个倾诉者。

蕾蕾开始把脚步迈向家庭之外，进入一些其他类型的社交圈子，尝试妻子和妈妈之外的角色。比如，乡建活动的志愿者、生态游学的支援老师、读书会的策划人。

蕾蕾忙碌了起来，老公对于蕾蕾参加的各种活动，不说支持，也不说反对。他并不过问蕾蕾具体在做什么，似乎他并不感兴趣。

但是，蕾蕾感受到老公对她经济方面的限制。

因为经常参加公益类活动，往返城市和郊区之间，蕾蕾油费开支增加，有一个月，蕾蕾跑了一千多公里，前后加了几次油。

老公说：“你用卡宴跑滴滴，是不是我可以节约点生活费啊？我打工赚钱也不是专门给加油站送银子的。”

话虽然轻飘飘，蕾蕾却听出了其中的分量。

蕾蕾揣摩出来一个规律：只要是带着两娃出去，吃吃逛逛，任何花销都没有问题；只要自己出门，老公对她的经济约束就会显现。蕾蕾仅仅通过财务限制，就已经知道，老公对于她外出参加慈善公益非常不认可。

在发达国家，公益慈善活动发展成熟，中产阶级从来都是支持公益活动的中坚力量，富裕阶层更是将参与和举办慈善公益活动作为彰显社会身份的标志。人们对于富人的认可不是根据其身价的数额，而是看这个富人是否能够创办自己的公益项目，并且经营自己稳定的公益社交圈。发达国家的富裕阶层，丈夫经常是某慈善组织或公益协会的董事，妻子则是其中的项目负责人、志愿者，这已经成为常态。《我是个妈妈，我需要铂金包》（*Primates of Park Avenue*）作者薇妮斯蒂·马丁（Wednesday Martin）描述了纽约上东区富裕阶层的生活方式，妈妈圈女性热衷于慈善，虽然很多人的目的其实并不在于慈善本身，大多数人是想凭借慈善活动来拓展社会关系，维系社会身份，然而至少，这个阶层文化中的男性对此基本默认和鼓励。

中国公益事业虽然蓬勃发展，但是全社会参与热情并不高，尚未形成"慈善文化"，中产阶级、高净值人群参与公益事业的氛围还不成熟，他们不能直接借助慈善公益事业平台实现社会资本快速提升，而设立公益慈善基金的制度门槛很高，管理方面的人才也十分匮乏，无法给予这一阶层人士有效的良性回馈。很多新富人士还是以消费活动来联络社会关系，编织社会网络。所以，我国中高收入人群的全职太太们处于过度"隐形"状态，只要丈夫的收入不需要她们再外出工作，她们的人力资源就基本彻底闲置了，普遍没有得到再次释放的机会。大多数男人也乐得老婆待在家里，过着低调、内敛，又同质性极强的平淡生活。

蕾蕾开始减少自己的个人消费，老公节假日的红包就够自己平时消费，还可以攒下一些做自己喜欢的公益活动。今年暑期，蕾蕾参加了一个乡建组织的公益梦想活动，每周末到乡村小学给孩子上生态课。蕾蕾虽然只是做助教，但是每次从准备课程，到熟悉导师，到对接孩子，还是很忙碌。老公没有怎么过问，偶尔说过一些"不要瞎折腾"之类的话。

5月21日，蕾蕾生日那天，原本总是会发一个大红包的老公却一天都没有动静。晚上回到家，老公看到桌上摆放着蕾蕾自己订的生日蛋糕也没有表现出惊讶。这说明，老公并没有忘记她的生日，只是缺少了现金祝福，他就走上来拥抱了下蕾蕾，说了声："宝宝妈，生日快乐！"

"不，"蕾蕾摇摇头，"不是缺少现金祝福，这是一种无声的惩罚。"老公肯定是希望通过奖罚让蕾蕾明白老公对她的要求，蕾蕾明白，他的要求就是"做好妻子"和"做好妈妈"。按照老公的原话"安于室，乐于家"，明白这个有什么难的。蕾蕾还知道，即使照着老公要求的去做，也并不一定能得到老公的充分认可。"好妻子"和"好妈妈"的标准不是只有一个，而是无数多，有贤惠的妻子，还有贤惠而聪颖的妻子，还有贤惠、聪颖、幽默的妻子，还有贤惠、聪颖、幽默、美丽的妻子。

贤惠的妻子还分为家务型贤惠、理财型贤惠、烹饪型贤惠、收纳型贤惠……

聪颖的妻子中有过目不忘型的聪颖、反应灵活的聪颖、口算神速的聪颖……

幽默的妻子也分宋丹丹式幽默、小S式的幽默、贾玲式的幽默……

好妈妈的标准就更多，无穷尽也。如果女人的全部目标就是要让丈夫满意，那么女人就在手脚上捆住了绳线，再将绳线交给那个主宰自己的男人，自己的一举一动都由绑缚手脚的绳线操控，这不是玩偶是什么呢？全职妈妈或者察言观色，或者曲意逢迎，用来自丈夫的凝视倾注自己的意义，与丈夫合谋来抹除自我，日久天长，她们已经没有自己，就好像玩偶缺乏灵魂。

蕾蕾将身边的全职妈妈分为三类：第一类全职妈妈如鱼得水，她们很会为人妻，或者说她们已经将老公的所有要求内化于心，外化于形。夫唱妇随是她们的信条，老公喜欢喝茶，她就学茶道；老公喜欢绿植，她就有本事让庭院一年四季花卉常开。她们非常享受当下的生活，懂得如何使生活品质与老公的收入相匹配，她们过得按部就班，井井有条，时间基本都在家里和庭院中度过，老公回到家里就能够安享夫人打理的舒适生活。

第二类全职妈妈将婚姻当做职场，老公做好事业努力赚钱，她就做好主妇努力生活。她们也精心打理家庭的一切，特别关注孩子的学业成就。她们深知，学业成就是保障家庭的经济资本和社会资本平稳传递到第二代的前提条件，有了学业成就这个跳板，再继续托升孩子的社会地位，这是她作为全职妈妈最大的价值所在。她们往往热衷于打听各种培训私教，了解各种升学信息，对比各个私立学校之间的成绩水平，她们常常会先修孩子们的学业，以便于自己亲自下场辅导。

第三类全职妈妈将老公当饭票，做一天和尚撞一天钟，勉强维持婚姻，她们与老公基本上貌合神离。如果与她们同住一个小区，你很少能看到夫妻相伴的身影，可能更接近真实的情况是，老公的心思已经不在这些妈妈身上。蕾蕾邻居有一位女士，女儿在英国留学，她独自居住在500多平方米的四层别墅里，养了一只拉布拉多、两只金毛。蕾蕾从来没有见过她的老公，可以肯定的是，她仍然是某某的太太，只是她拥有的仅仅只是一个身份，婚姻维持住了，但是那个某某却从不现身。第三类的女性一般不会与前两类妈妈结伴，不管说到什么，难免徒增尴尬，她们会到其他圈子里结交同道，拥有一些消磨时间的爱好。前两类妈妈也将第三类妈妈屏蔽在社交之外，在前两类妈妈看来，丈夫是她们存在意义的前提，功能健全的家庭生活才能赋予完整的价值目标，

"形单影只的妻子",这个词所产生的意象不仅唤起怜悯而且还增加着一丝不安和恐慌。虽然蕾蕾有时心底会冒出对第三类妈妈的羡慕,但是,她还是不能接受将老公从生活中"拉黑"。

蕾蕾不知道自己属于哪一类,她与老公关系尚可,也算是夫唱妇随,与她交流得比较多的还是第一类妈妈。但是,现在,蕾蕾与这些妈妈们在精神上渐行渐远。"乐于行野,不甘于室",蕾蕾一张发在朋友圈的图片,配上了这八个字,图片是她在乡间手捧着刚烤出红薯的特写。她也倦怠了与几个所谓妈妈"密友"去讨论如何曲意逢迎老公的所谓驭夫术。

蕾蕾感慨,她现在其实过得并不踏实,不管你今天可以花多少钱,但是不知道你明天还有没有钱花。蕾蕾知道,她现在喜欢和热衷去做的事情都没有得到老公的认可,"所以我做的时候很投入,也乐在其中,但是,我真的不敢答应机构的邀约,我不知道什么时候就要被彻底拽回到家里"。

蕾蕾喝完杯中的咖啡,说:"我现在每月个人身上的花销也就两千元左右,我是想如果真的没有经济来源,我出去上班,个人日常开销也就这些。我在给自己留一个后路。"起身之前,我想起蕾蕾说的"抹茶冰激凌",我笑着说:"全职妈妈可能每个人心中都有一支'抹茶冰激凌'。"

准确地说,每个全职妈妈都有一个无法获得的"抹茶冰激凌"。"抹茶冰激凌"的含义是,当你无法掌握完整的经济权利,你就可能无法获得一个本来很容易获得的东西。也许是抹茶冰激凌，也许是一个爱好，也许是一段彻底的空闲，甚至，仅仅是想法，一个敲碎老公那坚不可摧的自信的想法，一个瓦解老公认为自己是"一家之主"的霸王规则。

在昆人部落，人们喜爱肉食，在他们的词汇中，好的食物等同于"肉"，当猎手捕获了一只大型猎物回到部落，人们甚至还会载歌载舞地热烈欢迎，举行庆祝仪式后，人们仔细地分享着猎物，确保全部落每个人都会得到猎物，哪怕只有一小部分。

你以为这个热爱肉的部落会对那个捕获猎物的人感恩戴德吗？会将巨大的荣誉授予给一位成功的猎手吗？会让一个老练的猎手拥有超越其他人的权威吗？不，恰恰相反，捕获大型猎物的猎手一定要表现出十分的"谦恭"，他会慢慢地走在猎物的后面，低调地让人们分辨不出他的贡献。人们只有在分享猎物的时候，才会问起狩猎的过程，猎人会吞吞吐吐地道出一二。而没等他将自己的英雄事迹和盘托出，部落的其他人又会戏谑地说，他是多么走运，靠了运气把猎物带给了大家。

人类学家玛乔丽听说昆人部落中有一位出色的女猎手，她想去寻访，但是无奈这位女猎手行事太过于低调，始终没能寻得机会得见。

昆人社会压抑很多其他社会鼓励的助长男性统治的行为。竞争、炫耀、往上爬等全部不被提倡。个人主义的自信与自大都被压抑，人们通过将自己淹没在部落群体中而获得一生的庇护。丈夫赚钱养家，妻子操劳家务，这种两性分工在昆人看来并不存在高低之分，不会出现谁凌驾于谁的问题，相反，如果按照昆人部落的标准，赚钱回来那个丈夫应该更加谦恭，更加低调。

"最小的合伙制股份公司"

婚姻到底是什么？当婚姻曝光于金钱照射下，我们会发现，有一个比喻是恰当的，婚姻是"最小的合伙制股份公司"。这就意味着，在家庭这个"最小的合伙制股份公司"，妻子是股东还是董事长，是 CEO 还是普通员工，这个只能通过两人协商完成。但是，白纸黑字的合同尚且容易执行走样，家庭事务，角色分担，一切都是口头约定。缺乏稳定经济收入的全职妈妈很难牢牢站稳"董事长"的位置，好听说是低薪家务 CEO，不好听的话，也就是家务打工人。

尤其是全职妈妈们，她们感受尤为深刻。追求时声称要拿出一切来爱你的男人，恋爱时声称要让你过上公主般生活的男人，求婚时声称"你的是你的，我的还是你的"的男人，真正经营婚姻时，一些妈妈会发现，曾经被恋爱脑烧得痴痴傻傻的男人，进入生活轨道后逐渐"清醒"，"爱"不能喂饱肚皮，"利益最大化"才是老公最为在意的要素。两个人的日子一久，经营感情是其次，经营账户才是首位。全职妈妈不能为账户增值一分，她的劳动无法变现，所以，只要老公掌握着财务大权，全职妈妈很难没有在家打工的感觉。

2006年，湖北省宜昌市夷陵区法院审理了一起家庭成员诉讼的案件，原告方为妻子，被告为丈夫。几年前，妻子为了丈夫的事业发展，辞去了工作，在家里当全职妈妈，照顾孩子和家庭，随后，当妻子向丈夫索要家庭支出费用时，丈夫却总是因为各种理由推脱，妻子向丈夫要求支付家务劳动的工资，也被丈夫拒绝，说这些钱都是自己赚的，自己想给就给，不想给就不给。妻子一气之下将丈夫告上法院，要求丈夫每月支付家务劳动的工资2500元。

婚姻法没有照顾到全职妈妈在婚姻存续期间的经济权，只要没有离婚，法院一般不会支持婚内一方对于夫妻共同财产的分割诉求。即使到了2010年，我国新婚姻法颁布，最高人民法院关于适用《中华人民共和国婚姻法》若干问题的解释，表述为"婚姻关系存续期间，夫妻一方请求分割共同财产的，人民法院不予支持，但有下列重大理由且不损害债权人利益的除外"，支持的条件包括"有隐藏、转移、变卖、毁损、挥霍夫妻共同财产或者伪造夫妻共同债务等严重损害夫妻共同财产利益行为的"，"一方负有法定扶养义务的人患重大疾病需要医治，另一方不同意支付相关医疗费用的"。根据原告举证的原则，妻子如果要提出分割财产的诉讼就要搜集相关的充分证据，这一步就很难。妻子如果并不想分割财产，也不想离婚，只是想获得婚内劳动的合理经济补偿，婚姻法及司法解释对此规定模糊，执行的可能性非常渺茫。

西南政法大学教授陈苇分析指出："这也就意味着，对于实行分别财产制的夫妻，由于约定婚姻关系存续期间各自的财产归各自，鉴于全职太太这一方的收入肯定要明显少于另一方，离婚时，就可以通过经济补偿制度获得补偿。"

2001 年，我国修改婚姻法时，曾新增了一项关于"家务劳动补偿"的条款。具体为："夫妻书面约定婚姻关系存续期间所得的财产归各自所有，一方因抚育子女、照料老人、协助另一方工作等付出较多义务的，离婚时有权向另一方请求补偿，另一方应当予以补偿。"实践中，家务劳动补偿权的执行需要前提条件，即必须是夫妻双方约定实行"分别财产制"，并限定在离婚时才能适用，而且夫妻一方需要付出较多义务。现实情况，我国夫妻双方很少实行"分别财产制"，婚姻法第四十条适用范围很小，也存在经济补偿数额不高的问题，无法体现全职一方的劳务贡献。一则现实判例告诉我们，全职妈妈能够获得的补偿少得令人惊叹。

2021 年 1 月，《中华人民共和国民法典》正式施行，《民法典婚姻家庭编》第 1088 条规定，"夫妻一方因抚育子女、照料老年人、协助另一方工作等负担较多义务的，离婚时有权向另一方请求补偿，另一方应当给予补偿。具体办法由双方协议；协议不成的，由人民法院判决。"

2021 年 2 月 20 日，北京房山法院依据该条例判决了一起离婚案件，这次判决第一次适用民法典第 1088 条规定，具有历史意义。这起离婚案件由丈夫陈先生起诉，夫妻双方结婚五年，妻子王女士一直做全职妈妈，在婚姻当中承担了较多家庭生活的义务，例如抚养子女、做家务等等，最终法院判决，丈夫陈先生支付王女士家务补偿款5万人民币。五年5万元，一年1万，折合月薪833元，折合日薪28元，如果按照每天10小时的工作时长，那这位王女士曾经在婚姻中的家务劳动收入为每个小时2.8元人民币。事实上，做过全职妈妈的人都知道，全职妈妈的工作时间常常是247，一天24小时一周无休，麦当劳日薪200元，家政员日薪220元，打工人最底层的三和日结工，每天还能拿到92元人民币的收入，是全职妈妈的3.3倍。这样比起来，全职妈妈是最廉价劳动力，没有之一！

摇晃的"巢穴"，回到泥土之上

新婚姻法及其司法解释中还有一些规定，对于经历离婚的全职妈妈同样不友好。如果全职妈妈一直居住在由丈夫出资首付的房子里，离婚时，法院很可能根据"夫妻一方婚前签订不动产买卖合同，以个人财产支付首付款并在银行贷款，婚后用夫妻共同财产还贷，不动产登记于首付款支付方名下的，离婚时该不动产由双方协议处理"，"依前款规定不能达成协议的，人民法院可以判决该不动产归产权登记一方，尚未归还的贷款为产权登记一方的个人债务"。这意味着，只要全职妈妈在结婚时没有支付购房首付，净身出户的可能性就很大。虽然司法解释补充了，"由产权登记一方对另一方进行补偿"，一方面补偿执行可能性较低，另一方面，在一二线城市，补偿的款项很难让全职妈妈们，尤其是很可能无法承担贷款的全职妈妈们再拥有一套同等水准的个人住房。这也是蕾蕾所说的第三类妈妈忍受僵尸婚姻却不愿意离婚的本质原因，丈夫属于中高收入阶层的家庭，离婚之后，妻子不仅获得的补偿少得可怜，而且既往的生活水准很难保障。

如前所述，人类学家玛格丽特·米德曾经将她所观察到的美国郊区全职妈妈比喻成穴居动物，她们整天独自一人呆在洞穴之中，期盼着丈夫和孩子每天回家的几个小时；她们彼此隔离，用嫉妒驱逐围绕在丈夫身边的其他女性；她们也与整个社会隔离，表面上很安逸，事实上很孤独。

穴居这个比喻很形象，但是至少很踏实，如果缺少了制度和法律的保障，这个"穴"则没有大地的支撑。我将她们现在的处境比喻成"巢"，悬挂在丈夫这棵大树上，树可以支撑，也可以飘摇，甚至可以折断，依附于树的"巢"注定了不安稳、不踏实。

在武志红的《为何家会伤人》这本书中，作者整理了发达国家的一些资料来分析，很多发达国家在制定婚姻法时会充分考虑到全职妈妈的权益保障。有的国家会明确全职妈妈能够得到婚内育儿和劳动付出的补偿。如德国，国家每个月会向全职妈妈发放 300 欧元的津贴，同时，以家庭为单位，还能享受优惠税，两样加在一起，全职妈妈在德国能从政府那里每月最多享受到 1000 欧元补贴，相当于普通工薪阶层的收入。

在德国的巴伐利亚，地方政府鼓励妈妈陪伴孩子三年，一个妈妈生育一个宝宝，可以在工龄上算3年，也就是说如果你生养两个孩子，工龄上可以减免6年，如果工作15年可以享受退休待遇的话，那么减掉6年后，全职妈妈只需要工作9年就能拿到退休金。生育孩子数量不同，得到的津贴也不同，第一、二个孩子，享受每人每月184欧元的津贴，第三个孩子，享受190欧元的津贴，第四个孩子，就可以达到每人215欧元的津贴了，儿童补贴一直发放到18岁。这笔费用由全职妈妈来打理、使用，减轻家庭育儿的经济负担。

法国与德国相似，愈来愈多的人选择当全职妈妈，因为全职妈妈可以享受到政府给予的可观的津贴，补贴最高800欧元，再加上200欧元的住房津贴，总额也有1000欧元。

加拿大也如此，一个家庭有一位全职妈妈可以享受免税待遇，而且，每一个孩子可以享受800加元（折合人民币4071元）的津贴。

意大利政府除了为全职妈妈提供"多一个孩子多一份补助"的补偿之外，社会保障政策还为她们消减不幸离婚或丧偶的后顾之忧：如果丈夫单方面提出离婚，同时作为全职太太的女方又没有过错，法官就会判定丈夫支付一笔赡养费给前妻，直到前妻找到工作或找到下一任丈夫为止；而如果在养育孩子的过程中丈夫不幸去世，政府还会付给全职妈妈丈夫生前三分之二的工资，直到这位女性去世，同时，国家还会补助她的子女一直到18岁。

美国大多数州在离婚判决的时候主要秉持着让低收入的一方保持原有生活水平的原则，并且法官会充分考虑补偿全职在家一方的既往家务付出。如果离婚当事人一方是全职，那么不仅离婚时，全职妈妈（或者全职爸爸）会获得一笔不菲的离婚补偿，而且，离婚后，跟意大利一样，曾经全职在家的一方会得到另一方的经济补助，一直到再婚，或者找到工作为止。这种贯穿着"充分补偿"原则的法律，会让一位中等收入的上班族在离婚后蒙受巨大的经济损失。

日本女性全职比例最高，很多女性将婚后全职早早列入自己的人生规划，这种有计划的全职源于日本为全职妈妈提供了全方位的保障。如果婚后，女性承担了家庭主妇的职责，日本政府会免除其家庭的年金保险费缴纳义务，在其60至65岁之间，女性获得补助费用，65岁之后，女性就能获得国民基础年金。这就使得日本政府的再分配实际过程中，单身的上班族和双职工夫妇构成的家庭年金保险费负担相对较重，反而，有全职一方的家庭最为受益，是年金转移支付的主要受益者。这项保障使得日本女性婚后主动选择在家，享受后顾无忧的生活。（资料来源：武志红《为何家会伤人》）

对照起来，我国全职妈妈最为缺乏的是制度和法律层面的保障，鲍菁、蕾蕾，这些全职妈妈们不管家庭收入状况如何，只要制度和法律没有为全职妈妈进行完整的权利背书，她们生活的安全感就要大打折扣。

我积累越来越多的访谈资料，对全职妈妈婚姻中的经济权利就越加忧虑，对于那些因为一脸幸福地说出"老公对我很好"而选择全职在家的女性，我总是忍不住想给一句忠告，"人性是靠不住的"，但是，也总因为这句话太过于"毒舌"而作罢。

如果从纯粹经济学的角度，做全职妈妈的选择确实不符合"理性人"假设。一个女性放弃事业，就意味着要将她之前所有的成本都沉没，包括接受教育的时间成本、经济成本、智力成本和精力成本，一起沉没的还有各种资本，包括职业经历带来的人际资本、经验资本以及金钱资本。同时，全职妈妈还放弃了各种机会，升职的机会、加薪的机会、锻炼的机会、学习的机会。而且，全职妈妈在育儿和家务劳动中还要经历各种人力资源的损耗，以往的各种专业业务荒废了，职场需要掌握的演讲技巧荒废了，公文写作的技巧荒废了，耐心消磨了，自信心也受损了。全职妈妈每天不断付出却很少能收获有滋养的个人成长的回报，全职妈妈返回职场后，大部分人只能放弃原来专业，从事入职门槛较低的行业，并且要从头做起，慢慢积累阅历。

儿子上了高中后，鲍菁开始走出家庭重新求职，几经辗转，她做了一家品牌料理机销售门店的经理，她每天在店里钻研菜谱，研发美食，设计朋友圈的配文。

蕾蕾还在坚持做志愿者活动，她一边做志愿者一边拍摄小视频，每隔一段时间就发布到某视频平台，慢慢地粉丝也积累到了三千多人。在视频里，蕾蕾的身份是一个"公益支教人"，她的足迹反复地踏入同一个村庄，陪伴同一群留守儿童成长，她暂时不是谁的妻子，谁的妈妈。粉丝的点赞给了蕾蕾莫大的鼓励。她们努力将自我的种子播撒在土壤，让巢穴搁放在泥土之上，也许这个巢穴会非常简陋，但是，至少她们可以免除飘零摇落的恐惧。

5

为爱而婚之后呢?

谁会不需要亲密关系的给养?

今日的女人正在废除女性神话，她们开始具体地肯定她们的独立，但她们不是毫无困难地、完整地经历她们作为人的状况。她们由女人抚养长大，生活在一个女性世界中，她们的正常的命运是婚姻，婚姻使她们实际上仍然从属于男人；男性的威信远远没有消失，它依然建立在牢固的经济和社会基础上。因此有必要仔细研究女人的传统命运。女人是怎样学会适应她的生存状况的，她是怎样感受的，她封闭在什么样的天地里，她被允许逃避哪些约束。

——〔法〕西蒙娜·德·波伏娃《第二性》

这就是幸福的模样啊

当我说要写一本关于"全职妈妈"的轻学术著作时,我的一位朋友陶子马上推荐了佳佳给我认识。陶子和佳佳是初中同学,去年她才发现佳佳和自己竟然在一个城市,两个人的接触也变多了,在她的口中"佳佳可以说是全职妈妈的典范,她把全职妈妈的生活过成了大家都向往的样子"。陶子的一席话一下子激起了我的好奇,在众多"悲苦"题材中打转,我几乎要将全职妈妈定性为世界上最不应该从事的"职业"了,佳佳如果能将全职妈妈的生活过得如诗如画,破解我的定义,我真的是求之不得。

一个暮春的上午,我们走入了佳佳家的小区,这处小区地处繁华段,然而,地势好,闹中取静。进了小区大门,仿佛进入了一座雅静的公园,几乎每几栋楼中间就有绿地,精心栽种着桂花、黄柏、女贞、冬青、樱花、桃花都已经凋谢,枝头鼓起小小绿绿的果实,晚樱还绒嘟嘟一串串挂在枝头,蜜蜂围绕着樱花打转。小区被打理得非常干净。

十点钟,我们准时摁响了佳佳家户外的门铃,佳佳出来迎接我们,果真,跟陶子描述的一样,佳佳将所有的幸福都堆在了脸上,她笑意盈盈地迎接我们进屋。

佳佳家居布置成美式乡村风,看上去既舒适又有格调,玄关处拱形造型的鞋柜与屋内拱形的厨房门相呼应，浅金色植绒手绘壁纸衬托着橡木家居有种低调的奢华。房间内到处都有绿植，餐桌上摆放着大樽玻璃花瓶插着一大捧浅蓝色绣球，餐桌一旁，靠着厨房外墙壁落地摆放着大概有1.4米高的大型马醉木鲜枝，餐边柜上也摆放着一盆由鹤望兰为主材的插花。朋友说："佳佳可是花艺达人，这些都是她的作品。"我频频赞叹："果真厉害。"

佳佳赶紧招呼我们在客厅坐下，她转身进入厨房，说给我们烘焙了一些小饼干。跟随着她也走进了厨房，她家厨房很宽敞，我们干脆就坐在厨房岛台边的硬木吧椅上，朋友说："你们就在这里聊吧。刚好跟佳佳学学怎么烘焙。"

毕竟是跟佳佳第一次见面，我们聊得还不足够深，佳佳非常坦诚，知无不言言无不尽，总是我问一句，她会认真想想，然后娓娓道来。

佳佳与老公相识于高中。高中两个人没有讲过太多话，反而是到了大学后，分在异地的他们发展出恋情，鱼雁传书，电话传情。

这份恋情一直伴随他们走入婚姻，延续到了现在。

佳佳结婚后就辞去了在家乡的教师工作跟随先生到了省会，老公一直鼓励佳佳要外出工作，佳佳也在丈夫的鼓励下，入职到了一家教育机构做人力资源管理。五年时间，随着公司规模不断扩大，佳佳也从一个"小白"做到了HR主管，从组织员工培训，到为公司寻觅行业精英，做得风生水起。

佳佳的先生当时在一家国企做技术，反而时间上比较空闲。

"他每天朝九晚五，陪着我加班是常事。"

佳佳享受着丈夫的宠爱，也享受着在职场上的"操控感"，整个人散发着自信的光芒。

最终，一个夫妻之间的命题需要他们解答，婚后五年，他们不得不按照长辈的要求生育一个孩子。

丈夫一直为她抵挡妈妈的唠叨，只要佳佳开心，老公说可以接受丁克，准确地说是佳佳老公希望"丁克"，他坚持二人世界就是全部，无法再容纳第三个人。

佳佳说："但是我不行，不仅是因为长辈催促，我也渴望有一个孩子，有一个跟我老公血脉相连的骨肉。"

为了更好照顾儿子，补偿早产给儿子造成的伤害，佳佳什么都没有考虑，也不顾老板的挽留，就从公司辞职了。

"我的全职妈妈生涯开始了。"佳佳笑着说，笑容中有些无奈。

进入到全职状态，佳佳并没有因为与老公特别的爱情而减少做全职妈妈的困扰，其他妈妈所经历的一切，佳佳也经历了。

比如，沮丧。与身在职场完全不同，佳佳的全部世界就是卧室、阳台、客厅、厨房，日常天天接触的是奶瓶、纸尿裤、纱布、洗澡盆。当然还有小小的儿子。早产儿，一切发育指标都与正常孩子不一样，佳佳经常在网上找资料，对比发育状况，她给儿子找寻各种追赶发育的方法，比如每天抚触，隔几天游泳，每天定时晒太阳。但是，儿子发育总是不尽如人意，十个月了还不长牙，十一个月还不会爬，佳佳陷入沮丧。

比如，焦虑。儿子刚刚出生，老公遇到一个事业上的抉择，他的好朋友邀请他一起创业，佳佳鼓励他可以去，专业可以得到充分的施展。创业占据了老公全部精力，他回家越来越迟，话越来越少，佳佳以前与老公无话不说，现在连说话的时间都找不到。佳佳把宝宝哄睡后，一个人坐在客厅等老公回来，常常，她等来的是满身疲惫的老公，话说不了几句，他就已经打起了瞌睡。佳佳生怕就这样失去了两个人的默契，更怕老公不再爱她，焦虑裹挟着她夜不能寐。她仿佛又回到了童年时，那个站在妈妈身后的小女孩，那个爱转过身，她只能看到爱的背影，爱离她而去。

比如，孤独。做了全职妈妈，佳佳才突然发现自己如此孤独，在这个城市生活了好多年，竟然没有一个朋友。职场上，她很快升至中层，没有时间与员工交流更多，当年一起入职又升职到同一平台的，大多数是男性。每天早出晚归，与邻居也很陌生。佳佳有一次打开微信，想找到一个可以一起闲聊的朋友，然而，她无奈地发现，她的朋友只有"老公"。

创业阶段，佳佳的老公需要打通各种关节，应酬几乎成为每天的保留节目，与新进的合伙人应酬，与主管部门应酬，与合作方应酬。

几乎每个傍晚，佳佳都会收到老公的微信："宝贝，我不回来吃晚饭。"

老公不回来吃，儿子也不需要吃晚饭，佳佳就自己对付着，饼干泡牛奶，或者随便吃几片面包，或者下几个速冻饺子对付一下。在很多人眼里，佳佳没有任何不开心的理由，不仅是衣食无忧，而且还有宠爱她的老公，然而，佳佳始终无法开心，"怎么概括我当时的情况呢？"佳佳斟酌着，"就是消沉。"

从叱咤职场、精明干练的都市白领到满身疲惫、郁郁寡欢的全职妈妈，佳佳只用了几个月的时间。

听到此处，我不禁为身为女性的佳佳抱不平。表面上看，佳佳嫁给了爱情，获得了老公的千般宠爱，但是，在佳佳承担生育重任的时候，丈夫却置身事外；佳佳为了孩子早产满心愧疚的时候，爱人也只能当个围观群众，无法设身处地；佳佳在孤独中煎熬渴望关心的时候，男人却可以理所应当地全身心投入工作，可以与佳佳若即若离。在爱情投入中，佳佳与老公旗鼓相当，但是，当不得不面对人生的生育、养育责任时，铁肩扛大锤的却只有女性。

波伏娃在她的《第二性》中写道："在人类的经验中，男性有意对一个领域视而不见，从而失去了这一领域的思考能力。这个领域就是女性的生活经验。"女人在历经生育的过程中，没有任何选择，只要受精卵扎入了她的胚床，茁壮成长，她就只有一条路可走，就是生育、哺育、养育，一点一滴陪伴成长，无论遇到何种困难，她都只有走下去、忍下去、扛下去。而男人啊，他们总有捷径可走，最容易的方法就是走开，这位走开的男人并不会遭到责怪，只要他回到家，用三分钟抱起孩子再哄一哄就又是"好爸爸"一枚。

爱的代价现实版

如果育儿是"爱"的代价，那么这个代价却一边倒地向女性倾斜。我一遍又一遍地整理和翻检着妈妈们的访谈资料，每一份访谈资料中都包裹着一个词"爱情"，不管这份爱情是历久弥新，还是支离破碎；不管是历经波折，还是已经寿终正寝。但是，推动这群女人走入婚姻，甘愿生下孩子，并且愿意放弃事业回归家庭，根本原因都有"爱情"的身影。爱情，让她们放弃了原有的职业，跟随老公来到陌生城市；爱情，让她们不顾家人反对，毅然与老公结合，导致抚育孩子的重任只能一人承担；爱情，让她们甘愿尝试一次艰难的生育，最终只能把事业拦腰砍断；爱情，让她们一时春风沉醉，一时消沉落寞，她们守护爱人身边，几经摧折，自我疗伤。

在大量女性成长故事中包含着太多对于爱的渴求，渴求父母的爱，渴求朋友的爱以及渴求男性的爱……女性习惯接受一个"为了爱而舍弃一切"的假设。我记得读中学的时候，女生们最喜欢看的是三毛和琼瑶的作品，很多女生都被"执子之手与子偕老"的爱情所打动，期待有一场轰轰烈烈的爱情，所谓"山无陵，天地合，乃敢与君绝！"

一个古老的信念在女孩中间传递——"有人爱的女生才幸福",女孩们关注容貌,热衷打扮,一度网上流行拆解"好嫁风"的衣服妆容搭配,关注如何穿着才能更加吸引男性。女孩们还训练自己性格柔顺,期待自己更加通情达理,善解人意。在女性中间,总有一些人将"干得好不如嫁得好"内化为信条,准备好取悦他人,等待交付自己。有多少女性会觉得"我负责赚钱养家,你负责貌美如花"是一句体贴的承诺?还有多少女性为了一句"我养你"而放弃职场,选择回家?

如果没有爱,我突然有个大胆的假设,如果没有爱,这些女人可以没有那么多"不得不"忍受的委屈;如果没有爱,这些女人可以百无禁忌尝试很多可能;如果没有爱,这些女人可以深陷困境时决然离开。

我们如果从全职妈妈角度把"爱"界定为对一个男人一生无限期的情感投入和相伴厮守。

那么如果这个爱中少了"一个",而是对多个男人呢?她就可以像摩梭女人一样,或者像昆人妇女一样,缘散情分,她可以在一生中拥有多个爱人,也拥有多个人的爱,她会少品尝很多委屈,不必非要学习忍耐。

如果这个爱少了"男人",她可以选择一个女人,选择一个闺蜜式的伴侣,也许更容易共情,更加心气相通。

如果这个爱少了"无限期",她可以遵守五年、七年、十年的君子协定,她可以通过生育占据博弈的有利地形,换取等价交换,合理报偿。

可惜，在我们这个文化领域里，那些爱并不被广泛承认。一夫一妻式的爱情与婚姻让很多女人萌生对婚姻的梦想，她们从少女时期就会渴望爱情，她们努力让自己更可爱、更温顺，在合适的场合呈现自己作为合格新娘的魅力，以便让那个"对的人"中意，她们向往着为一个男人披上婚纱，她们着迷于"洗手做羹汤"的满足。我们有着太多的故事诱惑着女人，将爱情装扮成甜蜜的糖果，将她们感知爱的神经打磨得异常敏感，用美好家居的温馨吸引着女人们。如此多的女人建立了一种信念，她注定要寻找一个男人，通过爱的联结走入婚姻，从此幸福地生活在一起。

而与一夫一妻制相匹配的社会分工安排，又容易将女性推入到私人生活，将女性排除到公共领域之外。一旦女性缺乏对公共事务的参与，一旦女性的活动空间除了家庭之外别无去处，那么她们的情感寄托，她们的情感归依就很容易是眼前的丈夫和孩子。她有时候也无法明白，对于丈夫，她到底是爱还是依赖，或者只是一种别无选择的占有。我们很难说这种情感正常，甚至有点不够理性，对比在外面世界打拼的男人，那些置身于无限挑战和无穷机会的男人，那些一步步将自己积累的经验变现为个人荣耀的男人而言，女性用"爱情"把自己推到不利的一边。

这个回归家庭"于己不利"的判断并非我主观臆断。

我们可以先看几段文字：

"男性与女性的关系自然是高级与低级之间的关系，这是一种统治与被统治的关系。"

"女性不适合社会身份，而只适合被隔离在家庭这样的私人领域。因为如果女性被带进公共领域，她们'潜在的歇斯底里本能'、她们的子宫，将会导致社会秩序的混乱和非理性。"

"男人多理性思维，被共同利益所推动；妇女多情感，被自己的特殊兴趣和自己的家庭所推动。所以妇女便成了父亲和丈夫的附属物，他们在公共领域代表她们。"

这几段文字都是出自19世纪自由主义政治家之口，代表了当时大多数社会人士的看法，他们通过引用世俗普遍接受的"厌女"观点，反对女性参与政治。而直到现在，这些观点仍然没有被全然放弃，它通过各种形式改头换面地出现，它们时而贬低女性的劳动价值，时而贬低女性的情感价值，时而让女性去寻找庇护之所，时而否定女性对于自我权利的主张。一旦丈夫掌握了这套话语和观念，夫妻之间出现了强与弱的对抗，那曾经让女性心心念念的爱情又被置于何地？

减肥风波：一件小事的执著，是为了赢回自己

5月、6月，母亲节加上儿童节，我前前后后参加了几次活动，都遇到了佳佳，我们逐渐熟悉起来。佳佳正在自学心理学的课程，有的时候也在微信上跟我探讨一些心理学的问题。

6月下旬，夏至已过，暑气蒸腾起来，佳佳主动约我，再次到她家里访谈，我赶忙应约而至，佳佳家里仍然舒适如常，一开门就感受到格外清凉，佳佳给我倒了一杯柠檬水，还加上了一片自己种的薄荷叶，讲述又开始了。

这一次，佳佳讲述中没有爱情，却有"自我"。

"从谈朋友到结婚，我们很少吵架。"佳佳说。

佳佳一直回避着与老公发生冲突，她太重视这段感情，太珍视这段婚姻，她总是把感情放在第一位，感情当然滋养着她，她总是以幸福的样子示人，但是回避冲突也让她陷入焦虑。

在婚姻中，尤其是做了全职妈妈之后，佳佳习惯了让老公安排一切：车辆保养、水电煤气清缴、双方父母的费用开支、家庭的作息习惯，包括双休日怎么过都由老公来安排，假期到哪里去也是听老公的，把生活的一部分交给老公处理让她觉得很安心。

冲突在不经意间来临。

长期在家里，佳佳身材严重走形，孕前只有90多斤的她，孩子上幼儿园，佳佳体重接近130斤。通过其他妈妈介绍，佳佳进入了一个健身打卡的群，每天固定时间跟着老师一起做一些动作，动作简单，主要为了燃脂。

佳佳真没想到这件事情引发了老公的反对，而且是强烈反对。

佳佳说："当我听到老公说'不行'的时候，我第一反应不是反驳回去，我第一时间想的是妥协，就像以前一样，说实话,我都不知道如何坚持自己。"

将近四年的全职妈妈经历让佳佳几乎活在老公创造的真空世界里,太长时间的"被保护",或者太长时间对老公的"依赖",使得佳佳自己的边界不再清晰。佳佳想的是,老公反对一定有他的道理。

为了怕吵到孩子,佳佳和老公到了北面房间的阳台,佳佳听老公讲他反对的理由。

"他讲了很久,但是我越听下去,越觉得我没有问题。说白了,他反对的理由只是因为这件事情不是他让我做的。"

谈了很久,两个人谁都没有说服谁,老公拿着佳佳的手机放到她手里,说:"佳佳,乖,现在就退群。"

佳佳咬牙坚持着,内心里两个她在挣扎。

一个她告诉自己:"家庭才是最重要的,没什么大不了的,应该妥协,退了吧。"

而另一个她告诉自己:"不行,不能退群,他没有权力干涉你。你是自由的,这次妥协了,你的自由就彻底没有了。"

她站着,拼命摇头。

不知道从哪里来的伤心袭来,眼泪不听话地流淌,她僵持着,不接手机,不退群。

老公仍然没有停止说服:"减肥会毁掉你的生活,会毁掉我们的婚姻。"

而佳佳心里的一个声音响起:"毁掉就毁掉吧,我能接受离婚的代价。"

那个晚上,从晚上 10 点到凌晨 1 点,两个人在阳台上站了 3 个小时,佳佳哭了 3 个小时。

佳佳笑着说:"我虽然伤心欲绝,但是回到卧室后,我内心却很安定,我赢回了自己。"

如果主权匮乏,怎样固守边界?

佳佳成功了,经过 48 天的打卡坚持,佳佳减掉了 13 公斤,成为群里的"冠军"。

"过了很久,我和我老公又开诚布公地聊起了这件事。我老公承认,当时的他不能接受一个有主见的我,他已经习惯了安排我的一切。"佳佳一边微笑一边叹息,"他甚至承认了,他以往的爱中间有控制的成分。"

我感慨着佳佳的幸运,并不是每一位女性都能遇到具有反思能力的丈夫,或者并不是每个丈夫都愿意主动反思。这些丈夫们轻则对妻子随意挑剔,降低妻子的幸福感,打击她们的信心;重则控制人身财物,把妻子作为自己的附属品,使她们丧失完整的自由。而这一切的发生,在丈夫看来常常"理所应当",甚至"以爱之名"。

全职妈妈财务匮乏自不用说,还有赞美匮乏、回报匮乏。佳佳的讲述让我意识到,全职妈妈身处另一种匮乏——叫主权匮乏。我们习以为常地认为,每个人都有掌握自己命运的权利:争取活着的权利、接受教育的权利、被平等对待的权利,这些权利似乎与生俱来,不证自明。然而,这些权利实质上是通过一次次探索,一次次被允许,一次次行动,一次次被授权。

从一口口尝试用勺子吃饭到从一个台阶登上另一个台阶,我们接受过父母的鼓励。

从独自在院子里骑自行车到办理信用卡独自外出求学,我们接受过父母的授权。

家人的鼓励与授权让懵懂的小人儿慢慢明确:"在这个世界,我并不属于任何人,我首先属于自己。"

埃里克森(Erik H Erikson)、皮亚杰(Jean Piaget)等著名心理学家无不用大量的事实证明,每一个得到授权的孩子,每一个拥有完整自我的孩子,都同时拥有了发自内心的快乐。他们拥有生成于心理深层的动力,这样的孩子更加具有自主性,也更加富于力量。

所有的应许,所有的支持,慢慢构筑起完整的自我,也树立起保护自我不被侵犯的边界。

被祝福长大的幸运儿,边界清晰,疆域辽阔,他(她)知道自己的边界主权不容许随意践踏,他(她)在自我领地里吸纳养分,恣意成长。

更多人成长环境并没有如此幸运,他(她)的边界始终被父母的管教所模糊,身体属于自己吗?如果属于自己,为什么妈妈会安排我一年四季 365 天的衣服?为什么我吃什么都被妈妈看作不健康?时间是自己的吗?如果属于自己,为什么几乎我每天做什么都要父亲指挥,只要翻翻闲书,就一定是叛逆？我的故事是自己的吗？如果属于自己，为什么我上了锁的日记本被妈妈视为大忌，一定要我交出钥匙，当面一一阅读？我的快乐是自己的吗？如果属于自己，为什么享受着单身的快乐却被父母逼婚？享受着事业所带来的成就感却被公婆催生？

女性捍卫自我边界的战争往往更加残酷，只不过当事人不自知，她们往往将边界入侵视为关心，将边界抹除视为呵护。

而关于如何建构自我，如何树立边界，如何保持婚姻中的性别平等，女孩们没有过多关注，总是要遭遇到痛楚，那些已经从女孩成长为女人的她们才开始一步步反思和关注。

先平等再谈爱

人类所拥有的发达大脑不仅支撑着我们可以掌握复杂的语言符号，而且还拥有着更为高贵的情感——爱。美国人类学家理安·艾斯勒（Riane Eisler）《思想会·神圣的欢爱》（*Sex, Myth, and the Politics of the Body*）中说，生物学家马图拉纳（Maturana）和瓦雷拉（Valera）等学者证实，语言能力的发展能够支持人类建立广泛的合作。同时，我们人类大脑为理解和享受爱的体验提供基础，没有哪个物种的婴儿会如此地渴望着被关注以及得到爱，只有人类的婴儿，出生后不久的他们会努力睁开双眼，盯住眼前的人脸，享受母亲讲话的样子。他在爱抚中得到满足，大脑的奖赏系统也会推动它在爱的滋润下发展更快，婴儿会因为无法得到关注而陷入焦虑，低月龄宝宝由于长期得不到关注甚至对大脑造成不可逆的伤害。

在进化的意义上，作为婴儿的主要照顾者，女性善于提供爱的支持，女性表情语言和肢体语言更加丰富，她们善于沟通、合作而非对抗，分析男女两性的大脑可以察觉，女性联结左右半脑之间的胼胝体更宽。斯特尔德·雷奇（Stuart Ritchie）团队选取了2750个女性和2466个男性的脑部扫描数据，对脑内68个特定区域脑容量及大脑皮层的厚度进行分析比较，证实了平均而言，女性的大脑皮层比男性厚一些，这种差别可以部分解释女性社会交往技能和情绪统感能力优于男性。

大脑所提供的生物基础赋予人类寻求爱的能力，也许女性对于给予"爱"有着更强的天赋，然而，社会却似乎不断强化"爱"之于女性的意义，这种意义建构已经远远超越了生物基础本身。

所以，我总是能看到，女人们用了很多心思去揣摩爱，调动热情去理解爱，花费时间去付出爱，做出努力去争取爱。然而，她们似乎经过很多波折才逐渐领会，她与丈夫如果很难站立在一个等量齐观的平台，那么所谓爱情也许只是一个虚幻的安慰。也许是从这个角度，女人为了能在婚姻中保持坚韧，足以应对婚姻中各种繁杂的挑战，将爱剔除婚姻也许是明智的选择。

在维多利亚时代，英国家庭中的母亲训诫女儿，不要追求爱情，"爱情是留给男人的粗俗感情，正经女人不了解爱情"。蒙田也一本正经地写过这样一段话："我看，没有比建立在美貌和爱欲之上的婚姻更快地失败和引起麻烦的了，必须有更扎实和更持久的基础，还要保持戒备；这种华而不实的快乐毫无用处……如果有好婚姻，它要拒绝爱情的陪伴和条件。"

意大利著名女记者法拉奇写下这段话："我恨'爱'这个字眼，因为我在每一个地方、每一种语言中都能轻易找到它。比如：我—爱—行走，我—爱—吸烟，我—爱—自由，我—爱—我亲爱的，我—爱—我的孩子。我试图在我的生活中绝不使用这个字眼。我甚至不想问自己，是否那种正困扰着我心灵和思想的东西就是被他们称为爱情的东西。"

从佳佳的故事中，我看到的是一个男人以独立的姿态参与到社会活动中，工作、社交、娱乐，他的价值也很容易地通过他的创造而被衡量，而女人，则被束缚在婚姻的框架中，与生育绑定在一起。她通过丈夫才能获得完整的自我认知，她要通过丈夫来获得对外界的感知，甚至，她要通过丈夫才实现对世界的表达。她仅仅只是去行使对自己身材管理权利的时候，竟然需要进行如此激烈的挣扎。

所以，婚姻对于男人和女人来说，含义完全不同，我们看到表面上两个人一起走入婚姻，一起经营婚姻，一起守护婚姻，而事实上，男人已经占据了对女人具有更大权力的位置，或者女人缺少角色示范来帮助她们在其现状之外追求些什么，女人只是被外在的社会规则所融入，她被动"接受"了外部现实，并且把外部现实变成了她们内心世界的一部分。弗洛伊德认为，这一外部现实不仅仅是天然地"就在那里"，而且还是被感知到的现实的一个维度，它可能开始于一种内心的想象、幻想、恐惧或者欲望，它们向外部投射，然后融入外部现实，仿佛它们简直就是外部现实一样。也就是说，作为妻子的所思、所想、所感、所为，其实只是对外部尺度的迎合。拨开对爱的执念，把自己从妻子的角色中抽离，站立到可以决然抽身的边缘，她是否还能确认她到底是谁？她到底想要什么？

能否抽身于婚姻之外看婚姻

一夫一妻式的现代婚姻制度经常面临着挑战，即当两个人失去爱情，还将如何维系？现代婚姻建立了由一对成年男女构成的情感结合体与经济单位，我们不仅仅出于法律层面对多偶制十分排斥，多偶制常常还引发伦理层面的厌恶。我们非常羡慕一对从一而终，彼此相爱到老的夫妇，我们几乎本能地厌恶已婚男性或女性去寻求婚外的爱情，将此视为道德灾难，在皮尤进行的婚姻调查中，多偶制被很多人视为"最不能忍受"的婚姻模式。现代人经营两性关系，往往除了感受和培养爱情之外，就是用嫉妒来占有对方，驱逐各种可能影响配偶忠诚的同性成员。

而我们忘记了，这种厌恶其实并非本能。动物行为学家几乎无法在动物界发现一夫一妻制，即使那些被人们赋予"忠贞"设定的鸟类也普遍遵循多偶制的规律。学者从进化论角度分析了三个因素：首先，雄性更具有暴力倾向，热衷打斗，死亡率较高，往往种群数量上少于雌性，多数雌性只能共享少数雄性；其次，雌性则喜欢为自己的后代挑选优势基因，增加后代抗病的概率，体态雄壮、外形健康的雄性个体自然拥有更多雌性的青睐；再次，多个雌性的群落容易维系稳定的食物来源，增加后代的存活率。人类进入农耕社会之前，我们的行为原则与动物相似，多偶制不仅可以增加家户人手，而且可以为后代提供更多的照顾者，增加存活几率。

从进化的角度来看，学者发现，多名照顾者会增加儿童存活的几率，即使亲生母亲因为各种原因无法提供足够的营养，其他女性成员可以辅助喂养，这个照顾者除了女性亲属之外，母亲和父亲的其他妻子也是拥有多个照顾者的条件。

当然，我们不能假设在现代社会实行多偶制，因为多偶制会导致财富不平等而出现婚姻资源分配不平等，导致人口学意义上的男女婚配失衡，甚至引发社会的动荡。从现代法律层面，一夫一妻的婚姻神圣性不容侵犯，一夫一妻制婚姻不仅能够提供婚姻稳定的保障，而且也是保障女性权利的法律前提。

如果不去纠结伦理困境，只是两个文化之间的女性对望，也许我们会发现，非洲阿拉佩什部落多偶制家庭中的女人看到现代社会的全职妈妈，会怜悯她整日操劳，得不到休息，也会同情她一个人整理家务，一个人外出采买却没有人可以陪伴。现代社会全职妈妈也许有那么一刻会羡慕阿拉佩什女人可以在应付家务劳动不用忍受孤独，孩子尖叫吵闹时有人可以搭手照顾，舒缓一下自己濒临崩溃的神经。

当然，舒缓神经的也许不仅是一个实实在在的帮手，还有可能是逃逸于婚姻之外的一段感情。

暂时的逃逸：西方有四天的廊桥遗梦，东方有午后三点的昼颜

正值六月天，天气潮湿闷热，午后的太阳烈烈地烘烤着地面，蒸腾起热浪，我赶快躲到办公楼。雪纺的衬衫已经汗湿黏在后背，我在楼道里的自动售卖机买了一瓶冰的矿泉水，等不及走到办公室，就拧开瓶盖大口喝下。

在办公室，我拨通了赵丽的微信，等待着她的故事。

赵丽是我的大学室友，已经失联很久。前年才通过微信，我们联系上了彼此。我得知她一直在家做全职妈妈，就发出约访的邀请。

赵丽开场的第一句话就是："你记得《廊桥遗梦》吗？那时候我们寝室一起去看的。"

"记得啊，斯特里普演的。"

"行，那你就把我想象成斯特里普吧。"赵丽在微信那边爽朗地笑着。

当初我们这一群女大学生坐在大银幕下面看着一场平凡的出轨爱情，除了被男主人公的帅气所吸引，其实并不能对女主人公产生共情，我们能理解这是一场爱情故事，因为男主人公的魅力，因为小镇美丽的风光，因为浪漫的氛围。作为观看者的我们，也许理解这场爱情的发生，但是却不能理解这场爱情为什么必然发生。

我们并不能将这些与一个女人联系在一起，并不理解对于全职妈妈而言，处于人生中场，她既没有什么惊喜在前方等待，更不能退场重新开局，人生就卡在那里。周遭熟稔得近乎麻木，她面前的所有都告诉她"你要知足""你是个幸福的女人"，只有她自己发现，她的人生似乎已经看得到结尾，前面的路已经没有什么期待，无论对于老公还是孩子，她都是他们生命的配角。她还有很多迷茫，很多消沉，很多期待，虽然她并不知道，她迷茫着什么，因为什么消沉，而她又期待着什么。

直到一个人的出现，这个男人带来了他的阅历，带来了他的内涵，带来了他的优雅，也带来了他那双能把她视为"女人"的双眼。

刚开始辞职在家的时候，赵丽过得很满足，那个时候身边做全职妈妈的人很少，两个人的工资才能够养活一个家，大家为了饭碗奔忙。赵丽可以凭借老公的收入，退回家庭专心带娃，当时羡慕她的人不少，认为赵丽很幸运，整天可以悠哉游哉，把日子也过得越来越精致。

"当时我还觉得我引领着一种时尚。"赵丽笑着说。

时间长了,赵丽明显地感觉到与时代脱节,社交圈子也越来越窄。

"后来,老二也大了,我空闲时间多起来,就参加了几次活动,摄影,还有书法,来的都是退休的大爷大妈。我最年轻,去了大家都叫我小姑娘。"

赵丽觉得自己必须"出圈"了,再这样下去,更年期没到就划入银龄队伍了。

赵丽开始学习爵士舞,还学打架子鼓,以前对音乐一窍不通,现在发现自己的节奏感、韵律感还都不错,一周一次课已经满足不了她的要求,她加到了一周两次。

赵丽说:"其实我很享受那种存在的感觉。"

中年女人,很难得到存在感,做什么都是应当应分。偶尔从网上学一个新菜式,换给家人吃,他们也只顾闷头看手机;屋子打扫整洁,对于自己是享受,家人熟视无睹。

多少次,把卫生间地砖认认真真擦洗干净,孩子回家一双球鞋一下子踏脏;毛巾烘干,整整齐齐叠在毛巾架上,老公扯过来一条就擦脸,然后随手摆放。

没有人认真去打量全职妈妈的劳动成果,更吝惜哪怕只有一句的赞美。

"结婚快二十年,我就是我老公的空气。说好听的,他离不开我,其实呢,是根本对我视而不见,我成了家里的隐形人。"

甚至,赵丽老公跟很多男人一样,吝啬于让妻子感到快乐,他会在妻子遭遇挫折而苦恼时感到满足。

他自吹自擂贡献与功劳，有收入养家极为了不起。

他贬低你的付出，"你不就是洗洗衣服做做饭嘛？""老母鸡都会带鸡娃！"

他控制你的行动，"其他事情不要做，孩子带好，家管好！""你一个家庭妇女，哪有那么多开销？"

他对你进行情感控制，让你内疚，"我也很不容易，你难道不知道？"

让你自卑，"你这辈子就做对一件事，就是嫁给我！"

让你自我怀疑，"你能力不行自己还不承认？""你哪件事情能记得清楚？"

他不能忍受你与他平起平坐，有意忽视你的价值。

他从不跟你在他不熟悉的领域交谈，一旦触及他的短板，他立即搬出"三从四德"的诡异逻辑。

听着赵丽的抱怨，我想到了波伏娃的话："许多男人对于女性的痛苦感到高兴。"波伏娃点明了男性习惯于让女性牺牲的心理，甚至在女性痛苦上找到快感，"他们依据乐观的自然哲学，很容易忍受她的苦难，这是她的命运，《圣经》的诅咒让他们更坚信这种简便的观点。"

而在舞蹈课上，在架子鼓课上，她都是那个仍然富于魅力的赵丽。

爱情似乎在你散发魅力的时候，很容易地就来了。

一起学架子鼓的小伙子，喜欢拍赵丽打鼓的样子，加了微信，把拍她的照片发给她，下了课，两个人也一起走走。

"微信里我备注他是'小学友'，别说，他还有点像年轻时候的张学友。"赵丽调侃着。

赵丽发现,自己还可以跟小自己一二十岁的年轻人交流,她热爱星际系列,也喜欢看《权力的游戏》,他们从"权游"聊到"玫瑰战争",聊到乔治一世,而他竟然喜欢手抄《心经》,写得一手娟秀的蝇头小楷。

赵丽阅历多一些,还可以给小学友出出主意,他们越聊越频繁,她几乎知道小学友的所有秘密,也知道他的所有迷茫。

小学友喜欢拍小视频,随手拍下的所有素材都先发给赵丽看看。

午夜过后,小学友还会拍,仍然会发给赵丽,虽然那个时间赵丽早就睡下。

"我特别喜欢早上一开机,就跳出来好多好多他给我发的视频,有时候就是午夜街景,他一个人走在路上,听着他的脚步声,一步一步。风声掠过手机上的麦,他会说:'很寂寞,但发给你听就不寂寞。'有一次他半夜两点走到麦当劳,就在我家附近,他进去点了一份麦旋风,一边吃一边录,说,'馋你一下'。他好像带着我过一个我早已无法接触的生活,一个让我在心底渴望任性却又不可能的生活。那个生活虽然就在这座城市发生,可能就在我身边。"

我静静地听着,而爱情自带着麻酥酥的感觉从小腹升腾起来,我竟然跟着心跳加速了。

"最要命的是,"赵丽叹了口气,"我没有负罪感,一点都没有。我好像又一次初恋,我穿越回了高中。"赵丽过上了两个时间段两种人生的生活。老公回家后,她是太太;两个住校的女儿回家后,她是妈妈,除此之外,赵丽只是一个恋爱中的女人。她在两个角色之间拿捏,竟然也应对自如。她知道自己绝不会离婚,离婚的成本她无法负担,她也不去想与小学友的未来,她只是尽情地沉浸在当下,沐浴在云雨巫山,悄悄地品味着点缀在自己小世界里的甜蜜。

赵丽一直不愿意我将这份感情定义为"爱情",她仍然觉得,如果是"爱情",那她就是"出轨"的女人,而这个道德谴责对她来讲太重了。

"不,我没有谴责你。"我急忙说。

"我知道,你不会的,所以我才跟你说。跟小学友在一起的那段时间真的很美好,我特别想找一个人分享,但是我知道,无论是谁听了之后都会说我。我甚至想去写网文,把我的故事写进去。"赵丽说。

小学友后来跟着几个朋友去了南宁发展,很快,他有了女友,微信也停留在今年新春的一句拜年问候,赵丽的梦醒来了。

赵丽放弃了架子鼓,爵士舞也因为一次脚腕受伤而很久都没有去了。

赵丽把更多的时间留在家里,偶尔失神,她会翻看小学友给她拍的照片。仅仅隔了一年,那个俏皮机灵的小女人又变成了泯然于芸芸众生的全职太太。

赵丽很想念他,无论她在干什么,只要听到"南宁"两个字就能竖起耳朵。她又重新听了张学友的每一首歌。她总是有买张机票去南宁的冲动,明知道,那并不可能。

讲到此时,我拉开了刚刚遮挡烈日的窗帘,夕阳透过我办公室的窗斜斜地照射到地板,金色的余晖让室内显得分外明亮,地板有好几天没有打扫,灰尘分明可见,一只肥胖的花色野猫在我窗外宽阔的台面上缓缓而行。

赵丽最后说:"我可能并不是想他,我只是很想念跟他在一起时的自己,只有跟他在一起,我成了我喜欢的那个样子,无忧无虑,还挺有点小幽默。现在,我没心情幽默,再没有什么让我开心了。"

是的,我听到全职妈妈"出轨"的故事。"出轨"这个词本身都能激起万夫所指,然而,我回味着赵丽的故事,竟然满是与她的共情。人的情感如此复杂,而美好却难得。在这个故事里,没有谁被辜负,没有谁留下撕裂的伤痕,也没有谁背负沉重的赎罪。这就是一场与爱有关的故事,一场两个人的都市烟火。这场匆匆的爱给赵丽一小片飞毯,让她经历了一些情感上的奇幻,他们两个在爱情里升腾得以暂时超越凡尘的捆缚,这样的故事,赵丽和赵丽们都会一再上演。

后来,我又断断续续与赵丽聊着微信,话题回到了她的婚姻。经过了一段婚外情感,赵丽似乎更能看清眼下这段婚姻的问题,也许最大的问题是长久的全职生活加上丈夫的忽略与打击给她带来的卑微与不安。

我把她发给我的一段段语音微信整理出来,她对于婚姻剖析犀利而冷静,有些描述甚至让我不寒而栗。

我常常发出没有回应的追问，我常常经历没有人理解的孤独，我常常拼尽全力应对各种状况，而这一切，在另一人口中，都渺如尘沙，不值一提。我虽然没有跋山涉水，在屋檐下就饱尝了沧桑。我的体验是独特的，我的感受也是鲜活的，但是，亲密伴侣却用藐视把你化身为千万女人中的一个，既平凡，又卑微。

他在"爱"的问题上虚与委蛇，但是在"批评"上面却精益求精。他孜孜不倦地精准打击我，直到我开始也不再珍爱自己。我放弃努力，自暴自弃，我接受了他的全部暗示，也许自己真的已经山穷水尽，不值得向上的可能，不会再有美好的奇迹，真的也只配有嫁给他的运气。

我有的时候稍微静下来，诚实地面对自己想想，或者翻检出青春的回忆，那个充满蓬勃面庞的女孩会对我说："不，你不是这样！"我不能把价值交由别人定义，也不能任由老公决定我的人生，我重新发出声音，要有反驳的能力，并且对"爱"重新定义。

还有一段，是赵丽讲给女儿听的话，她也转给了我，这可能是对于年轻女孩的劝告，事实上是她对于"爱"更适当的诠释。

你现在肯定会认为，爱不需要激情，爱也不需要牺牲。爱，不需要赌咒发誓，更不需要这个男人捧你若掌上明珠，爱甚至都可以不是甜的。

为爱而婚之后呢？
谁会不需要亲密关系的给养？

你需要的爱，应该是一种营养，你从他的眼中，能够看到欣赏，他帮助你建立对自己更有价值的信心，推动你过上更美好的生活。你现在所拥有的一切，配得起你的努力，你未来将要拥有的，你也一定有能力去创造。他信任你，尊重你；你一边奉献，一边成长；他只给予帮助，从不怀疑。

严酷的道德操守总是为了绑缚女性，苛责的伦理环境总是会让最弱者受伤，我们身在的道德环境似乎比以往任何时候都严格，"全职妈妈成为最容易出轨人群"的帖子一经发布，引发了全网对全职妈妈们的新一轮歧视。人们不仅站在经济收入的制高点，而且还可以站在道德的制高点对全职妈妈进行劈头盖脸的抨击，全职妈妈的地位被一压再压，几乎已经无法为自己辩白。《廊桥遗梦》在很多网站上播放的时候，充斥着大量谴责式弹幕。人们对于女主人公的遭遇似乎比二十多年前还难以共情，人们调侃着、戏谑着、揶揄着、讽刺着……解读《廊桥遗梦》的公众号标题也往往用"出轨"二字来博人眼球，影片中充满张力的美感和对于情感困境的细致剖析都似乎无关紧要了。

我只想说，伦理的围网很难困住强者，道德苛责往往最终绑缚弱者。一个文明的社会应该正视两性关系的复杂性，尊重人性中无法逃脱的弱点，去除对于"婚外情"的过度污名。我们如此貌似正义地围猎"斯特里普们"，也许正是因为，她们的声音太过于微弱。她们既不能秉持权杖，也不手握利刃，她们无法驾驭有力的说辞来为自己辩解。我们不要忘记，人类社会复杂超乎想象，情感更因为其难以把握才吸引无数人折叹，用单一律令去俯身审视反而暴露了"理中客"们的矮小。有伤痕的心灵尤应怜惜，抚摸伤痕的手才更为高贵，妈妈们带着笑中泪去倾诉的话才更值得倾听。

退无可退，阁楼上的"疯女人"

情绪困境，你为什么"杀死"了一部分的自己？

女人已经被逼疯了,"被煤气灯照亮了",因为若干世纪以来,我们的文化只认可男性的经历而驳斥我们女人的经历和本能。我们的身体和头脑对我们自己却成了神秘的东西。因此,我们女人对彼此都负有基本责任;不是出于私利损害彼此的现实感,也不是为了照亮彼此。

——〔美〕艾德里安娜·里奇
《妇女和名誉:关于谎言的短论》

有的日子她会不由自主地觉得快乐,高兴自己还活着,还能呼吸,也高兴自己整个人和阳光、色彩、气味热度都是南方昼日完美的一部分。

有的日子她会不由自主地觉得很不快乐,好像没什么值得高兴或悲哀,或活或死都一样,人生像是混乱的地狱,而芸芸众生也不过是些盲目的蠕虫,挣扎爬向不可避免的毁灭。

——〔美〕凯特·肖邦《觉醒》

情绪不说谎

全职妈妈似乎是这个社会的隐形人。奔忙于职场的人们不是朝五晚九,就是996,早上走出小区,晚上才回来,接触的一个个圈子里都是从事各种职业的人。我们忽略了在一扇扇关闭着的家门那边,可能是不太走出家门的"打工人"——全职妈妈。

对于职场人而言,我们容易受到认知的局限,我们没有去了解那些外表平静如常的全职妈妈们,隐形于我们日常生活的她们到底过得如何。心理健康数据把这些隐形人呈现了出来:

她们焦虑。2017年UC大数据发布的《中国妈妈"焦虑指数"报告》中,全职妈妈的焦虑指数位列第三,仅次于从事金融与互联网工作的女性。

她们抑郁。广州心理援助热线报告,全职妈妈心理抑郁状况和自杀意愿的比例都远远高于平均值。

她们饱受情绪困扰。2021年初,"简单心理"根据心理咨询行业咨询师提供的数据,对2020年中国心理状况进行了分析,其中"与职场妈妈相比,全职妈妈群体中有更高比例出现情绪、亲密关系、低自信心、失眠等困扰"。而向心理医生求助,接受正规心理咨询的女性中,全职妈妈又远远少于其他职业女性，绝大多数全职妈妈将不良情绪都关闭在自己的心门里，自我疗伤。

也许，在职场人酣眠，准备第二天起早上班的时候，某扇门背后，一个无法入睡的全职妈妈，悄悄起身，披上一件乳白色针织开衫，走到客厅，给自己倒上一杯白开水，扭亮一盏台灯，翻看《象与骑象人》（The Happiness Hypothesis）。她希望能借助书籍，将那折腾自己的无名情绪转化为可以驯服的大象。

我们喜欢童话，在童话故事里，紧紧关闭的那扇门背后，有一个幸福的家庭，爸爸赚钱养家，妈妈貌美如花，孩子人见人夸。

但是，冷冰冰的数据已经呈现出，在关闭的那扇门后面，面色如常的妈妈们内心却隐藏着不断涌动着的剧烈情绪：有时是愤怒的巨浪翻滚咆哮，有时是抑郁的死海沉静窒息；有时雪崩塌陷山川，有时雷击毁损森林；可能有撕裂般的痛苦，也有如重锤般的悔恨。

她们中的很多人都曾经背负一桩罪行，那就是"杀死"了曾经的自己。她们中的很多人都曾经是受害者，那就是她们的一部分已经被杀死。

英国女作家弗吉尼亚·伍尔夫（Virginia Woolf）指出，在我们女性能够写作之前，必须"杀死""屋子里的天使"（angel in the house）。换句话说，女性必须杀死那种美学上的理想模式，因为她们正是以这种形式被"杀死"，然后进入艺术的。

同样道理，一个女性必须"杀死"曾经灵动、活泼，被梦想充盈的女孩，才能忍受日复一日的操劳、无意义的忙碌，挣扎在鄙视链的底端，还要托起整个家庭的幸福。只有"杀死"那个曾经的女孩，才能进入全职妈妈的角色。

我并没有对全职妈妈的处境进行夸张渲染，我也没有借用她们个别人的苦恼为整个群体加戏。对于全职妈妈而言，你只有身处其中，才能明白，什么是绝望，什么是愤怒，什么是抑郁，什么是焦虑。我的访谈者都曾经形容过她们的处境，她们一边讲述故事，一边会加入对自己情绪的描述，"痛苦""看不到希望""焦虑""无力感"……

美国女作家夏洛特·帕金斯·吉尔曼（Charlotte Perkin Gilman）有一首诗叫《职责范围》（"*In Duty Bound*"），她这样描述一位困守于家庭的女人：

在职责的界限之内，
生活被紧紧地困住，
无论用什么法子，精神也不能左冲右突，
没有已死机会可以夺门而出，除了犯罪，
甚至没有一个地方让你悄悄地喘口气——
只能过日子和干活。
义务预先被强加在了你的头上，根本不是你想要的，
但是据说又是自然使然，
对抗的思想的压迫，
在一小时一小时地滋长，造成内心的痛楚，

自己的能量被白白浪费了啊。
有屋顶的房子又低又黑，
沉重的椽子遮蔽了外面的阳光，
你甚至无法轻松自如地在其中直立，
直到你的灵魂呼喊着宁可要一座坟墓——因为那里倒还宽敞些呢。

"脑海里的橡皮擦" 大脑的早衰信号

"哦，我想不起来了，很多细节也忘记了。"

"我以前喜欢看一个女作家的书，哦，但是名字忘记了。"

"怕儿子乱摸，前天给 ipad 换了密码，以前换密码总是忘记，我这次写了张小纸条，但是，我又忘记这个小纸条放哪里了。"

与这些全职妈妈在一起的时候，乐事、趣事不断，但是我也目睹这些妈妈们总是被一些烦恼纠缠，"忘性大""记忆力不好""健忘"的问题似乎更加普遍。50+的妈妈们忘性大，我可以理解，但是，仅仅年过40，就忘性大？蓉蓉还只有35岁啊，也是整天丢三落四，或者与其说丢三落四，不如说有点失魂落魄。

我们有时候说到哪位宝妈"脑海里的橡皮擦"，就哈哈一笑，她们也经常自嘲，不知道什么时候把自己都要弄丢了。逐渐地，我越来越熟悉她们，我越来越与她们产生共情，我意识到，她们的健忘、她们的失忆并不是她们的特点，而是，她们病了。

脑神经科学的知识告诉我们，记忆力退化与脑神经元的连接退化有关，但是不寻常的记忆力退化绝非发生在自然境况下。

人类大脑产生是整个生物进化史上的奇迹，拥有着1000亿个神经元细胞的器官创造性地生产着所有人类文明的奇迹。在最近的200万年进化过程中，人类大脑所产生的进步尤为迅猛，它拥有更为复杂的神经连接，拥有更为精致的生物、化学反应，它拥有着无与伦比的复杂前额叶，赋予着人类丰富的想象力和创造力。

由于人类大脑发育得如此复杂，人类还拥有着更为高效的社交能力，也有着更为强烈的社交欲望。与身体其他器官相比，大脑具有极强的韧性，也就是说大脑具有自我修复的能力。研究表明，人类大脑的神经元不仅可以不断产生新的连接，而且还可以不断再生，胶质中的格子细胞不断为大脑清除垃圾，维系大脑系统健康。所以，严格意义上，一个得到充分营养的大脑，一个获得充分支持的大脑，一个没有遗传性疾病困扰的大脑可以永葆青春。如果说衰退的话，人类自然而然发生的记忆衰退应该在神经元不太容易建立活跃连接的70岁以后，而绝不是50岁、40岁，甚至30岁。

她们病了。

这个念头一直缠绕着我，让我不安，在我看来，"记忆力不好"只是冰山露出海面的一角，生病了的大脑发出的信号,而潜藏在苍茫海底的到底是什么?大脑发生了怎样的变化?导致她们记忆力衰退的主要原因到底是什么?

妈妈们讲述着过往,我帮助她们梳理着线索,点点滴滴都是琐事,但是足以让大脑遭受伤害,出现了可以察觉的征兆。

"背锅侠"的愤怒与郁闷

"我就是家里的背锅侠。"全职妈妈包揽了家里全部大事小情,从孩子的吃喝拉撒到与亲戚走动的礼尚往来,也相当于承包了家里所有问题的责任。当全职妈妈没有免责条款,所有事情一定要找到妈妈身上。"连他出差,行李箱里没有装上袜子都会发微信责怪我。"

全职妈妈一方面被琐事淹没,另一方面还要忍受不公平的指责。她要为家庭中出现的所有问题负责,很多无法通过实际努力而消除的问题就转化为妈妈内心的自我谴责。

"孩子比同龄人矮",这是营养问题还是消化吸收问题?是发育问题还是其他问题?当所有人都发现了这个问题后,你觉得夫妻两个人谁会为此自责呢?肯定是妈妈,尤其当这位妈妈还是位全职妈妈。她一定没有精心备餐,她一定没有保证孩子吃够,她一定没有让孩子得到充足的锻炼。

"老公慢性胃炎,人很消瘦。"不用说,这也一定是妻子的问题,没有照顾好才让老公得了胃炎,结婚这么久,病还没有好，那一定是你的问题。

"婆婆来了擦卫生间不小心把手划破了。"肯定还是这个媳妇儿的问题，全职妈妈本来就在家，还让婆婆来帮忙，这也太懒了吧，老人家本来就要享享福，还要帮你擦卫生间？

全职妈妈成了草船上的箭垛，身上永远是摘不完的指责。没有人去考虑如何公平地对待全职妈妈，没有人在"甩锅"之前仔细想想，这样指责妈妈们公平吗？她们已经习惯了"家不是讲理的地方"，她们只能包容着家人的"不讲道理"，但是仍然会为莫名其妙的指责生气、愤怒。愤怒会对大脑产生负面的影响。指责是一种话语攻击，它本质上是一种攻击行为，全职妈妈们在受到攻击的时候，处于应激对抗的状态，会分泌肾上腺素和去甲肾上腺素，两种激素会让妈妈处于一种焦虑、紧张的身体反应状态。过上一小段时间，同样作为应激反应系统的皮质激素系统会分泌出氢化可的松和促皮质激素等调节激素，以弱化肾上腺素的作用，这两类激素会对海马体神经元造成影响，损伤海马体神经元，甚至中止海马体神经元的连接。科学实验证明，新出生的小鼠注射了促皮质激素可以导致小鼠的大脑皮质发育不全，产生严重的行为障碍，无法主动觅食，无法形成空间记忆，它们的寿命也会大大缩短。

而海马体就是人脑管理记忆的关键部位，海马体接受长期分泌的皮质激素侵蚀，无法保持一种活跃、健康的状态。可想而知，一位长期处于愤怒状态的全职妈妈，不管这个愤怒是能够发泄还是不能发泄，负面情绪都损伤着她的大脑，健忘表明她已经处于亚健康状况了。

"赞美对我来说是奢侈品"

相比于过多的指责，赞美则极为稀缺。

胡梅是心理学教授，也是萨提亚家庭治疗的资深讲师，我与她有过专业方面的交集。有一次，胡梅教授来武汉进行短期讲学，我就邀请她为全职妈妈们开展一次萨提亚家庭治疗的公益活动，蔡青、佳佳、欣儿、荣荣等几个家庭都参加了。

有一个环节给我留下深刻印象，胡教授带领着在场的几对夫妻进行相互赞美的游戏。要求他们几对夫妇先把对方的闪光点写在纸上，然后念给对方听。我注意到，好几位妈妈在聆听丈夫夸赞的时候，眼里都闪烁着小星星，她们发自内心地微笑，甚至泪眼婆娑。欣儿丈夫写下的闪光点不多，只有三条"善良""能干""能吃苦"，我心里默默叨咕"这位老公真的还是把老婆当工具人啊！"但是，没有想到欣儿听到丈夫夸赞的时候，喜悦的神情跃然脸上，眉梢、眼角都是笑，眼里很快就蒙上一层雾。活动结束，欣儿还把老公写的纸条认真折叠好，放在了包包贴身一边的口袋。

欣儿在分享环节说："我很久没有听到老公夸我了，我不好意思要他夸我，但是我真的希望能得到夸奖。"她甜蜜一笑,"没想到被夸赞的感觉真好"。

我看着欣儿望向丈夫的神情,似乎能察觉欣儿大脑中快速分泌着内啡肽(endorphin)和催产素(oxytocin),脑海中的生电反应在快速进行着。这两种激素是大脑的养料,被这两种激素滋养的大脑,能够更好地搭建信息通讯通道。催产素是在人们感受到亲密、关怀、体贴、安抚的时候产生的激素,同时,这个激素的流动也会促进人们更多地产生亲密行为,四目相对时眼神里流淌出来的爱意,四臂环抱紧紧相拥肢体透出的依恋,都与催产素密不可分,它让我们神采奕奕,也让我们的大脑状态更加年轻。

美国心理学家约翰·戈特曼(John Gottman)花了四十年时间观察伴侣之间的互动,主要是日常生活中的语言互动。

戈特曼教授建立了一所婚姻实验室,模拟一种居家的状态,实验室里有各种仪器来检测伴侣在对话过程中的心理指标。记录下的指标包括:人们的紧张程度、视线变化、心跳频率、肾上腺素分泌、从心脏到耳垂和手指的血流量等。戈特曼先后观察和记录了 3000 对伴侣的互动过程,并且对部分对象进行跟踪研究。

通过对这些海量数据进行分析,戈特曼博士揭示出维系婚姻的要素。"赞扬"是维系婚姻的关键要素,在一对伴侣的交流中,当赞扬与责备的比例超过 5∶1 时,他们的婚姻更有可能保持稳定,关系也更加亲密;而处于以责备为主的交流方式下,夫妻关系更加紧张,甚至容易解体。而且,经常处于指责状态的夫妻,双方都容易引发负面情绪,并且这些情绪容易深植于记忆。当同样场景和话语出现时，人首先就进入了紧张和防御状态，无法达到有效沟通。

除了化学激素的作用，经常得到夸奖的人拥有更加健康的内在归因，拥有更加强大的内在自信，拥有更完整的自我体验，心理韧性也会大大增强。我们现在都知道孩子需要夸奖，好孩子是夸出来的。但是，成年人，一位妈妈，一位操持家务、照管孩子的妈妈也需要夸奖。长期缺乏夸奖，甚至长期缺乏正面评价，使妈妈们的大脑中催产素和内啡肽匮乏，她们的大脑就好像一片贫瘠干涸的土地，泥土正在龟裂，生机逐渐消退，绿色逐渐枯萎。这片如焦土般大脑的主人——妈妈们，不停地念叨"我忘了""我记性真差"……

孤独者的大脑成像

如果说在全职妈妈中间，有十分之一的妈妈经常愤怒，或者一半的妈妈会对赞美十分渴求，那么，几乎百分之百的全职妈妈都经历过，或者正在经历孤独。

全职妈妈的孤独也许并不是独自一人的时候。"白天送别了老公和孩子，在屋里拖拖地，打扫房间，整理衣物，一边忙着，一边听着喜马拉雅，其实也可以很充实。"秦筠说。

孤独也不是缺乏陪伴，一人独行。

"我每周二晚上要给自己放一个假，独自一人，出去逛逛街，看看电影，或者去茶室品茶。给自己一个逃开家庭的时间。"金梅说。

孤独是原本亲密的两个人，却相对无言；孤独是原本能够沟通的话题，却完全没有聊的兴趣；孤独是你在奶瓶、尿布、湿疹、涨奶的一地鸡毛中挣扎，而没有人与你站在一起，支持你和呼应你；孤独是你在说"幼儿园老师给了孩子任务，要做一个手工报，我忙了一晚上做了这个'小树变大树'……"发现嘴上虽然"唔""唔""唔"的老公其实根本没有听；孤独是你在小区带着二宝晒太阳，是你晚上陪着大宝一起做拼读练习，是你加入所有群聊都被称为"某某妈"，你仿佛除了是个妈妈以外，把曾经的自己全部丢失；孤独还是，当你进入了曾经的大学同学群，大家都嗨聊事业、吐槽老板的时候，你发现，你无话可说。全职妈妈社交圈普遍很小，存在着一定程度的社交孤立，她们孤独成为一种常态。

而孤独会给人的大脑带去什么？

劳伦斯·索科洛夫（Laurence Sokurov）是一位物理学家，他为了证实人在思考的时候会进行更多的耗氧，所以开展了一项实验：他让平躺在床上的志愿者解算术题，并用仪器来记录志愿者的脑电波和大脑中的含氧量。参照的状态是志愿者平躺着，大脑处于"放空"状态。但是，结果让所有人都没有想到，志愿者闭目养神时大脑所消耗的多于做计算时大脑所耗费的氧气。

神经科学研究者马库斯·雷切利（Marcus Raichle）也在偶然的研究中发现了这一现象，他运用PET脑成像手段研究大脑活动。他发现，大脑某一区域在志愿者空闲的时候表现活跃，但是在任务开始后活跃的部分又消失了。1997年，雷切利的同事乔丹·舒拉姆（Gordon Shulam）研究了134名被试者的脑成像结果，他发现，大脑中的一个部分总是在任务开始后降低了激活度。2001年，他们两人发表了论文，向科学界证实人类大脑存在着一个"默认网络"的模式。

哈佛大学的吉姆（Germer）教授沿着这一发现继续开展深入研究，他明确了人脑这部分的区域特征和功能："人的大脑有一个部分，位于头部从前到后的正中间，在专注做事的时候不活跃，但在休息的时候特别活跃，科学界称之为默认模式网络（default mode network）。它的主要功能有三个：形成自我意识；反思过去，担忧未来；寻找问题。"

人们开始通过默认模式网络来研究孤独人群的大脑状态，并关注其心理健康。经常感觉孤独的人们，他们大脑成像与没有孤独感的人确实存在差异，主要集中出现在默认模式网络区域。孤独的人群大脑中经常参与内心思考——如回忆旧事、规划未来、想象和想起他人，这些无法停歇的"思考"经常会使孤独的人们具有更加强烈的担忧，加重焦虑，影响了他们的心理健康。

突然空下来却发现完全无事可做，翻看朋友圈，快乐都是别人的，忙碌也是别人的，留给自己的却是无意义的虚空；等待着深夜未归的丈夫，一帧帧曾经美好的画面袭来，但是你却更加焦虑未来，你是否能一直得到着爱？是否已经失去了爱？是否能够挽回爱？或者，干脆你从未没有得到过爱？

孤独时，全职妈妈最容易胡思乱想，也最容易陷入焦虑和伤感。愤怒、缺乏称赞和孤独是可能引起全职妈妈们大脑"生病"的主要因素，而且这三者之间还有着互相关联、相互强化的关系。孤独状态更容易唤起对负面事件的回忆，由此经常怒火重燃，长期缺乏称赞导致的低自尊使全职妈妈社交更加局限，让她们更加容易孤独。只要长期存在一种状态，全职妈妈的大脑生态就会比较脆弱，机能就很容易受到影响。

以上我所描述的"健忘"妈妈，她们还是在各方面处境比较顺遂的家庭之中。除此之外，我还接触过老公投资失败，得不到任何经济支持的妈妈；老公性格暴躁，遭受家暴的妈妈；家庭遭遇不测，孩子生了重病的妈妈……这些处境更加糟糕的妈妈们，家庭的重任几乎压在她们一人肩上。因为各种原因，她们无法抽身离开，整个人似乎萎凋了，但是她们仍然如枯藤般坚韧，紧紧拉住生活的绳索，不让整个家庭下坠。

奇奇怪怪的"疯"女人们，只是文学作品形象吗？

文学作品里塑造了很多疯女人的形象。

《雷雨》中的繁漪。她被逼迫着天天喝药，被告知"自己病了"。《简爱》（Jane Eyre）中的伯莎·梅森，那位文学史上著名的疯女人，小说没有给她开口的机会。在她的丈夫罗切斯特的口中，"她的性格完全和我的不同，她的趣味引起我的反感，她的心灵平庸、卑鄙、狭窄，特别地不能给引导到任何更高的高度，扩展到任何更广的境界"。伯莎的丈夫，罗切斯特先生"从没爱过她，没尊敬过她，甚至从没了解过她"。这个阁楼里的疯女人，毁掉了丈夫的庄园，也最终毁灭了自己。

20世纪20年代，美国社会人类学家威廉·托马斯（William Thomas）主持出版了系列关注当时美国社会问题的书籍，其中一册叫《不适应的少女》（*Unadjusted Girl*），书中呈现了报刊、书籍、法庭档案甚至私人信件中有关女子犯罪的材料，真实地反映着当时美国社会眼中的"病态"女性。今天，重新翻看这些材料，我吃惊地发现，有些被视为"病态"的女人，只不过她们想得有点多，她们不安于现状，她们热爱旅行，希望能投身社会。但是，那时的社会却认为她们已经走在病态的边缘。

有一句话是说孔雀的，"看到她的羽毛她就笑，看到她的脚她就哭叫"，我就处在这种情况。我丈夫的事业已经顺利地确立起来了，我最美好的年华都用在他的事业上了。作为母亲，我们的孩子是我的乐趣。我也不会抱怨我们的物资境况。但是我对自己不满。我对孩子的爱，不管多强，都不能摧毁我自己。人来到世上不像蜜蜂，它完成仅有的任务就死去了。

欲望，长期潜伏的欲望，已在我心中唤起，而且遇到的阻碍越多，它们越是大胆放肆……现在我想到处走走，看看一切，听听一切。我想参加一切事情——跳舞，滑冰，弹钢琴，唱歌，去戏院，听歌剧，听讲座，全面投身社会。

长期以来，我渴望满足在人类经验各个领域非能满足的欲望，我目前的不安定正是这种状况的自然结果。它是害怕失去一切不复返的东西——青春年华和光阴流逝不止——一种赶上我错过的东西的冲动……如果不是因为我作母亲的情感，我会出走，到广阔的世界中去。(《不适应的少女》)

男性视角的眼光屈身俯就地倾听着这些女人，抱着治疗的目的去启发女人"疯言疯语"，他们只要听到"不满""欲望""社会责任""出走"，这个女性就已经沦为家庭的危害，她们应该在男人的凝视下"忏悔"，觉察到"渴望"的危害，学会"安分守己"。

阅读了《不适应的少女》，我反而明白为何女性"容易"疯狂。因为社会用卡尺丈量灵魂，用天平衡量生命，把女人做成标本，所以，只要是一个活生生的女性，就不正常。

灯塔型女性与当下的女德鼓励，异曲同工

天使般的女人是什么样的呢？她们存在于哪里？

《威廉·迈斯特的漫游年代》(*Wilhelm Meisters Wanderjahre*)中的玛卡莉(Makarie)是大文豪歌德笔下的"屋中天使"，

他对她的描述有效地概括了屋子里的天使赖以存在的哲学背景。

她……过着一种几乎十分单纯的静思生活……在一个乡下庄园里孤居独处着……她的生活不受外部事件的干扰——从她的生活中无法得到任何故事，因为她的生活中本来就没有故事。但她的存在却并不是没有用处的。相反……她像黑暗世界中的一盏灯那样闪光，像是一座屹立不动的灯塔，其他人、旅行者们如果自己的生活中出现了故事的话，就会寻找她的指引，设定正确的航道。她是一个理想的人物，一个无私的典范，代表着心灵的纯洁。

歌德的"灯塔"女人的特点就是没有特点，而没有特点意味着没有个性，没有个性的原因是没有自我。没有自我于是不可能纠结和撕裂，所以根本不具备"疯狂"的可能，成为理想妻子的楷模。

现代人本主义心理学家一再证实：人们需要自我，自我是支撑起健康人格的内核。从人的自然发展角度来观察，一个孩子从1岁开始就逐渐去认识自我，去建构自我与世界的关系，2岁左右开始明确自我的边界，通过互动来深化自我认知，到了青春期，人们在内在冲突中不断探索，探寻自我的可能，并通过充实自我来营建创造的冲动。再到中年，人们通过努力实践来不断确认自我，稳健的自我结构能托载起具有创造力和生产力的人生，延伸到老年，甚至到了临终。

人们依靠不断回顾来完成自我认知，以平静地对待人生的终点。

心理学家所研究的人，并不限于男人，也包括着女人，也包括着作为妻子和母亲的女人。她们同样不例外地走着自我探索的道路，需要在角色内外，在他者和自我之间不断寻找平衡。她的角色是否能够给自我赋予价值？她的行动是否充满意义？是什么层面的意义？她的行动是否能与自我构建形成自洽？以及家人的回馈在什么程度上构成了她的自我认知？

失语的完美主妇

我从来没有见过像晓洋话那么少的女子，我们组织活动的时候，不管是读书会还是主题工作坊，她总是安静地坐在一边，默默地看着我们。我们笑，她也跟着笑；我们说话，她就聆听。她神情很专注，但是眼睛总是出卖她，她虽然专注，一字一句都听懂了，但是，她却似乎对眼前所发生的一切并不投入，她就坐在那里，仿佛度过一场接一场的疗愈。

晓洋的眼睛确实会出卖她，因为她的眼睛太美了，眼睑长长的，几乎要扫到鬓发里，瞳孔幽深，凝视她的时候似乎可以看见自己的倒影。她睫毛浓密，眼睑下垂时，睫毛阴影沉沉地投在卧蚕，显出一股浓浓的忧伤。但是，晓洋的嘴角始终挂着微笑，你问她的时候，她微笑摇头；你邀请她发言的时候，她还是微笑着摇头。我们都知道她就是用微笑逃避说话。她真的太沉静了，如一汪湖水，一汪深藏于密林之中的湖水。

所以，当晓洋答应了我访谈的邀约时，我喜出望外，我真的没有想到晓洋会答应我，我准备了很多问题，以防临时冷场。

但是，没有想到，访谈进行得异常顺利，她所有的故事都备注了她眼中无法掩饰的忧伤。

晓洋的开篇有个幸福的起点："了解我的每个人都觉得我应该很幸福。父母、公婆都住得不远，娘家还有个哥哥，关系很好，每个年节我们都会聚在一起，热热闹闹的。父母不用说了，难得我公公婆婆对我也很好，我婆婆是医生，退休后有自己的小诊所，人很忙，但是只要有空就会到我家帮忙做做饭。"

"我一直得到长辈的宠爱。"

但是，晓洋就是在这样的生活中，却痛苦到几乎失语。

"我不是不爱说话，我是因为太抑郁而说不了话。我曾经有一段时间，很长一段时间，我只能对着儿子说话，说他能听懂的话，我跟任何人都交流不了，我不想交流，我害怕交流。家人都习惯了，觉得我就是性格问题，但是我自己知道，我原本的性格并非如此。"

晓洋最快乐的日子在大学，她容貌出众，性格活泼，加上从小跳民族舞，很快被推选为校学生会的文艺委员。从大一到大二，带着文艺队的小伙伴一起排练节目，到各个学校巡演。大三，晓洋恋爱了，男朋友就是现在的老公。"他的学校在江北，我的学校在江南，他每天都骑着自行车，骑过长江大桥来找我。当我第一次坐在他的自行车后面，跟着他一起骑过长江大桥，我们就正式恋爱了。"

两个人就过着"你宠我闹""你哄我笑"的日子，每一天都仿佛浸泡在蜜糖里。那是晓洋最甜蜜的两年，无忧无虑地享受爱情。毕业后，我们就结婚了，婚后大概半年，晓洋怀孕。由于发生了先兆流产，晓洋只能辞职。晓洋的生活从辞职的那一刻起，开始发生了一点点松动，她与老公的节奏开始脱节。晓洋在家备产，老公在忙着建团队；晓洋生了儿子，老公忙着冲业绩；晓洋被儿子的小肠套叠折磨得几乎一周未眠，老公拿到了分公司业绩冠军，准备升职。

由于爱意，原本亲密得仿佛粘连到一起的两个人，现在分立于两片陆地，中间隔着滔滔大海。老公那边海浪轻柔地拍打沙滩，朝阳洒下金灿灿的光辉，那个男人被金色笼罩，独自享有着成就的喜悦；晓洋这边狂风巨浪，密布的乌云中划过阵阵闪电，拍击着海岸的巨浪永远让她的小屋一片狼藉，屋顶吹飞了，梁柱倒塌了，房椽坠落了。

"我几乎从早到晚都听着儿子的哭声，整个人都支离破碎。""12点、2点、4点、6点，我每隔两个小时醒一次，喂奶、拍嗝，这已经是最好的状态。"

老公已经一周没有见到儿子，你能想象吗？在一个屋檐下，他可以一周见不到儿子。他为了准时上班，搬到了客卧。我气愤，气得睡不着，我躺在儿子身边，耳朵竖起来听着门响。

12点半，老公回来了，我披上衣服冲出主卧，到门口跟已经酒醉的老公吵。我哭，我吵，我闹，我骂。老公开始听着，勉强地哄着我。后来，他躲着我逼视的眼神，别过脸，冷冷地说"怕了你"。再后来，他说我"神经病"。直到有一天，他没有回来。第二天，还是没有回来。没有短信，没有电话，没有微信。

晓洋站在卫生间的镜子前。

凌晨三点还是四点，我记不得了，我迷迷糊糊上卫生间，无意中把顶灯打开，卫生间一下子亮得刺眼。我转过头，盯住了镜子里的自己。我已经很久都没有照镜子了，镜子中的自己，头发散乱、皮肤蜡黄，睡衣上斑斑奶渍。我努力瞪大眼睛，我努着力，笑了一下，气色好像好了些，但是笑这个表情让我的肌肉感觉很陌生，我真的很久都没笑了。我就又笑了一下，再笑了一下。我笑出了声。

晓洋一下子僵住了，她的笑声让她突然被一阵恐惧感攥紧，紧到她不能呼吸。她马上关了灯，跑回卧室，搂住正在酣睡的儿子那小小的身躯，她把鼻子贴着儿子深深呼吸，才安抚住那阵恐惧。

"我怕我真的神经病了。"

晓洋顿住了，我也顿住，突然我们默契地相互对视，却默不作声，我和她只能用暂时的沉默来消化着突如其来的震撼，这种日常到不能再日常的"疯癫",是属于我们女人,专属于我们女人的"真相"——"衣橱中骷髅"——"疯癫"。

我们平日只能小心掩盖,拼尽全力去扮演着"正常"的假象。我们引导着家人快乐地在客厅围坐,我们努力用美食吸引住他们的胃口,我们安排外出的路线,让假日里的每分钟都充满了喜悦。我们总是双手不停地打扫卫生,保持每一寸空间整洁干净。我们努力,努力去掩盖这个残酷到极致的真相,我们每个女人的衣橱都住着一个骷髅——"疯癫"!

晓洋和我啜饮着杯中的蜜桃乌龙茶,原本卷曲一团的茶叶已经慢慢舒展,味道刚好,茶炉下面的酒精杯软绵绵地燃着,无辜得像一朵莲花。

晓洋与老公的关系后来有过缓和,他们试着把儿子交给外婆,他们两个独自到涠洲岛旅行。他们也试着在情人节去订豪华游轮双人套餐,两个人在甲板上放烟花。但是,晓洋说:"无论如何,再也回不到从前。"老公的状态变了,自己的状态也变了,两个人都往不同的方式改变着。晓洋做了母亲,与一个小生命牢牢绑定在一起,她不可能再无忧无虑,不可能再骄傲自信,不可能再随时开怀大笑,或者把手轻轻地搭在老公肩膀,跳起婀娜的舞蹈。曾经被老公所爱慕的一切都已经烟消云散,从老公的眼里看到的晓洋,不再争吵,不再哭闹,她大多数时间都是沉默,配合着恩爱,以及微笑。

"马老师,"晓洋用她幽深的大眼睛对着我看,轻轻地说,"我非常渴望我老公能重新爱上我。但是,这个爱没有了,那个我也就没有了。我有一次看到一段话……"晓洋皱着眉,"我想不起来了。"她拿起手机,输入密码,在微信"收藏"里面搜寻了一会儿,然后念给我听:"爱——你不能学习,也不能练习,更不能分配。它仅仅是一种绽放。"

"我只知道我老公在温习爱,但是温习也不是爱,我也不可能再绽放。"

这是哲人萨古鲁(Sadhguru)的一段话,爱是一种碰撞后的瞬间绽放。对于晓洋而言,她曾经美丽、出色,她没有为承担母职做好充分准备,一次生命的孕育带来的所有经历,对于她来说都是历练和考验。不同的是,很多女性隐忍这种性别分工的常态,而晓洋则痛感其中的不公与不安。

"我被一个注定的使命撞进了一个逃离不了的轨道,这个使命就是做母亲。但是做母亲不是一次性的项目,而是你的生命加入了一个恒星,你要围着他不停地转。你原本可能是一棵树,是一束烟花。但是,现在你什么都做不了,你只能做一颗行星,而且你还要不停地默默旋转。"

转丢了梦想,转丢了自己,转丢了爱与被爱的能力。

以"疯"取胜,找回的自我

与晓洋聊到了"疯癫",我突然想到了秋子,她也是老公眼里的奇葩女子,一个"疯女人"。但是现在的她,常常被老公称为"奇葩"的她,却是这些妈妈中活得最欢乐的。秋子曾经给我讲述了一个她不得不"疯",而后来又以疯取胜的故事。秋子老公是机械工程师,"别人有职业病,他就是职业本身,如果人工智能有朝一日能替代我老公的工作,那他完全可以消失了,因为他活着就是工作"。

秋子本科也是学机械的,遗憾的是,学了机械高数不灵,上学的时候就特别羡慕高数达人。就读研究生之后,秋子不仅没有打通高数的任督二脉,反而热爱起了文学,恶补文学作品,还自己试着创作小说,"觉得自己文科的灵魂被唤醒,但是被牢牢锁在工科的躯壳里"。

研究生毕业后,秋子进入了一家国企做工程师。这个圈子很窄,国企氛围又非常保守,作为一位女工程师,几乎没有任何社交,到了 29 岁,秋子仍然还是单身,别人介绍了现在的老公。"我和他第一次见面,完全不知道聊什么,后来竟然聊起了高数,我一下子被他的数学脑子给折服了。"来自父母的逼婚和周遭的无可选择,秋子很快与老公结婚了。"很多问题也在婚后暴露出来。"秋子老公全部意义体系都是来自工作,工作赋予了老公激情、动力和人生价值。"我们没有婚礼,因为他在加班;我们更没有蜜月,因为他不习惯请假。我生女儿的时候,陪伴我的是我妈和我姐,他还在加班。"

"我渴望婚姻,我渴望老公的关注和爱,我拼命地讨好他,我都超级嫌弃我自己。"女儿长到两岁,秋子抑郁了。"可能是因为他对工作的热爱,导致我开始讨厌上班,我厌恶图纸、讨厌设计,我坐到电脑前看图纸就恶心。"

秋子到医院咨询医生,得到了病休的建议。秋子到人力资源部门办了一年的病休。"我没有好转，在家里反而更严重了，我开始失眠、大把大把地掉头发，总是感觉饿，停不下来地吃各种东西。""我每天都带着女儿逛超市，买东西，买吃的，冰箱里堆着的全是零食。"

"其实我不是饿，是心里空，空荡荡地要找东西填上，我就吃，到蛋糕店办卡，一千元的卡很快就吃完了。"

秋子给我看了一张手机里她和女儿的合影，她怀抱着女儿，那时候女儿3岁，照片里的秋子身材臃肿，脸上都是赘肉，头发剃得短短的。

秋子说："那时候我足足180斤。"

看着眼前身材匀称的女子，我完全想不到，这是3年前的秋子。

秋子看着我惊讶的样子，笑着说："你看过《王冠》没有？里面描写戴安娜王妃，她有暴食症。查尔斯王子冷落她，王宫里没有人温暖她，她就暴饮暴食。"

我点点头："看了。"

"我看那段的时候，就像看当年的自己。只不过，孩子他爸没有出轨，他的卡米拉就是工作。"秋子叹了口气。

"我那段时间还特别容易移情，看什么都哭。在网上刷新闻，看到流浪儿童在垃圾箱取暖，几个孩子就那样死了，我就特别痛心；看到有人虐待小动物，也痛心，就好像死的是我，被虐待的也是我。我整天代入这些负面新闻，每天都很伤心，那种眼泪饱胀的感觉，觉得这个世界都是悲剧，天天都是痛苦，不如……"秋子顿了一下，"我想到死，死的念头一下子蹦到我的脑海里，然后就好像有了一个很美妙的出路，我想象到的死很安宁、很甜美，就好像在一个漫长隧道的尽头有一束光，你如果沿着那束光走下去，你会得到平静……"秋子笑着摇摇头，"我很难不去想，我看死亡题材的小说，我会脑补自己的葬礼。"

秋子老公察觉出秋子有了问题，但是他觉得这些都是因为秋子接受了太多负面信息。他把秋子的智能手机藏起来，给她换了一个老年机，他也不让秋子多出门。白天，秋子老公叫来自己的妈妈帮着秋子带孩子，陪着孩子出去。每周只给秋子三百元现金作为零花钱。秋子的活动范围越来越小，小区成了她唯一驻足的地方，西北角有一片小林子，里面长着一些杂树，因为地方僻静，去遛达的人很少，秋子经常去，在那里带女儿捡叶子，回到家里用不同颜色的叶子拼画。

不知道什么时候，这个角落来了一只流浪狗，这只狗也不知道什么时候怀孕了，肚子越来越大。秋子找来纸箱给狗搭了窝，又用棉絮缝了一个小垫子。秋子天天去看望这条流浪狗。终于有一天狗妈妈生产，秋子下楼一看，生下来4只小狗，秋子每次看都带着女儿，女儿也跟小狗产生了感情，"不知道是不是女人的天性，看到新生命的感觉还是不一样，似乎心底的什么被唤醒"，秋子决定抱一只小狗回家。

"一只狗引起了一场大风波，"秋子笑着说，"我也明白了我在家中的地位。"

老公因为反对养狗，不仅命令秋子马上丢掉，而且还打电话给保安，让他们立即把这只狗妈妈和几个狗宝宝赶跑。

"他其实没有用'赶跑'这个词,他用的是'处理掉',他用了好几个'处理掉'。我明白,处理掉就是让它们都死掉呗。那个时候我非常脆弱,我所有的情绪都像裸露在外的铜线,没有任何保护层,只要触动我,我的反应就非常强烈。我看着我老公打电话的背影,听着他的声音,我害怕极了,我害怕他那副表情,害怕他的语气,害怕狗妈妈一家被捕杀,也害怕我自己失控。

"我最终还是失控了,我爬跪在他面前抱着他的腿,我不敢大声哭,但是我一直流泪,拼命哽咽着,我浑身颤抖着,断断续续地说,'不要打电话,不要打电话'……

"女儿吓坏了,也扑在地上抱着我,冲着她爸爸尖叫着:'我不要你,不要你!'"

我老公仍然一副冷若冰霜的样子:"你犯病了,别吓着孩子。"说完转身进到自己的房间。

秋子在她的QQ空间里的一篇文字中写道:

将一个女人推向疯狂太容易了。
一日接一日的冷漠就够了,
不回应她的任何需求就够了,
嘲笑她的热情就够了,
质疑她的温柔就够了。
用婚姻隔离她,
切断她与世界的联系就够了。
她哭,你对着她说"你疯了"就够了,

她笑,对着她说"你病了"就够了。

困在婚姻中的女人,

你也许不会一下子疯掉,

你会一点点疯掉;

你不会全部疯掉,

你会一小块一小块疯掉。

也许每一个不疯的女人才是疯子。

"很有意思,经过那一次,我一下子意识到一个关键的问题。我一直试图在取悦他,我一直希望能得到他的关注,我一直努力,希望他能支撑起我作为一个妻子的角色。我以前在家庭中接受的全部教育,作为女孩子的教育,就是嫁个好老公,当个好妻子。但是,我努力当妻子,老公却始终视而不见,我越努力讨好,越是给自己积累内伤。"

索性,秋子放弃了,她彻底推翻了父母给自己的假设。"结婚了又怎么样,我还是可以做我自己。"

"自己是什么?"

"边找边做。"

秋子开启了重寻自我之路。

通过学习心理学,她知道构建自我需要三个要素:发现、行动和承认。

发现——她内省自我,发现自己的优势,写作是她的爱好,她喜欢阅读,也想试着写写,但是并不知道自己能写得怎么样。

行动——写了再说，她先从自己的家乡讲起，回忆家乡，写自己的妈妈，写表姐，写闺蜜，写她曾经认识的所有女性，越写越顺手。

承认——她获得了自己的承认，也想获得别人的承认，她开始将自己写好的第一批十个女性"小传"发到了公众号，收获了第一批读者，慢慢地，读者积累到了6000多，每篇"小传"都能收获不少点赞。

她彻底从单位办理了辞职手续，逐渐恢复社交，用姐姐给她的智能手机注册了自己的微信公众号，她在公众号上分享她的女性"小传"，又启动了女性小说导读，她解读池莉、解读万方、读解王安忆、解读萧红。

逐渐，秋子的文章拥有了打赏，现在，打赏收入足以应付自己的开销。

秋子说："我是非典型全职妈妈。我既不围着锅台转，也不围着老公转，我不再代入妻子的角色，对母亲的角色也若即若离。女儿需要我的时候，我第一时间到位，做她最好的朋友，给她帮助；她不需要我，我就安安静静自己一边儿待着，做好自己。"反观过去的岁月，秋子笑着说："我下一步想写一篇中国版的《阁楼上的疯女人》。"

逆皮格马利翁效应

为什么女人总是容易被联想为脆弱？为什么女人总与非

理智联系在一起？为什么几乎遍及所有文化，女性都无法享受与男性的同等地位？为什么"厌女症"在很多文化存在并被视为合理？制度上我们可以进行阐释，同时，美国人类学家雪莉·奥特纳（Sherry Ortner）从结构主义角度也给出另一种说法。

结构主义认为在深层次思维上人类会将世界分为二元对立，这种二元对立的思维来自对自然的观察，如白天/黑夜，冬天/夏天，大地/天空等。同时，当人们建立起这样的思维结构后，又会依据这样的思维方式去继续对事物和现象进行解释和加工。

男人/女人作为一项二元现象，本身就具有了结构性特征，由此，人们就会围绕这一对二元开展深度的解释加工，人们将人类社会所接触到的文化/自然的二元对立比附于两性关系。文化代表着人类超越于自然的各种手段和能力，是远离和控制自然的方面，文化承载着人类的劳动和智慧创造。

女人具有生育能力，女人要经历月经，而月经与月亮的周期相似，所以，女性更加贴近于自然。但是，不受驯化的自然也会给人类造成灾难，正如波伏娃在《第二性》中也阐述了女性生理特征赋予了女性更加接近自然的本性。

所以，在很多文化中，人们热爱女性，歌颂女性，但是也畏惧女性那作为自然一面的特性，它代表着危险和不可测。人们接近女性，但是必须限制女性；人们拥有女性，但是必须利用女性。就好像把自然的土地通过劳作转化景观一样，人们通过将女性放置在家庭中将其转化为妻子。

理性/非理智、清醒/疯狂等等在意识层面二元对立也被轻易地套用于两性关系，如果说男性注定要追求理智与清醒的话，那么女性就只能委屈于非理智和疯狂。后面的故事我们都了解了，整个社会都对女性施与了"逆皮格马利翁"效应——皮格马利翁效应，是心理学上由期待心态产生的积极效果，逆皮格马利翁效应则恰恰相反，由贬低带来的负面效果。女性具有自然特质，女性具有危险性，女性注定只属于家庭；女性性情不稳定，女性不理智，女性容易疯狂，在一连串的"注定"之下，女性也呈现了符合社会预期的样子。当社会开始慢慢赋予女性平等权利的时候，弗洛伊德所观察到的女性歇斯底里的症状也减轻了，甚至到了20世纪50年代，弗洛伊德学派的继承者很难再找到这样的病患。

7

"女为悦己者容"

取悦自己，是全职妈妈找回自我的重要一步

男人要求女性的身体是肉体，不过不引人注目；它应该瘦削，而不是肥胖臃肿；它应该有肌肉、灵活、强壮，必须表明超越性；男人喜欢它不像温室植物那样苍白，而是经历烈日考验，像劳动者的身躯一样黧黑。

——〔法〕西蒙娜·德·波伏娃《第二性》

经过的一切，
都是女人的镜子，
向她展示鲜花必然凋谢。
她自己被放在，
幽暗处枯萎的玫瑰边，
不再可爱，也得不到，
曾经夏日的喜悦。

——〔英〕克里斯蒂娜·罗塞蒂

"女为悦己者容"
取悦自己，是全职妈妈找回自我的重要一步

美就行了，一次视觉派对的意义

全职妈妈们有条件去表达美，有能力去创造美，但是，有趣的是，婚后女性展示美的地方往往不是家庭，其欣赏美的对象也往往不是老公。"女为悦己者容"，这个悦己者偏偏不再是自己的老公。很少的全职妈妈会精心挑选一套睡衣，居家服装都是相当凑合。

我在全职妈妈身上是否看到过对美的热衷？有的。

每年孩子们放寒假前，妈妈们都会聚上一次。每个人都心知肚明，神兽归山意味着什么。意味着每天3—4小时的自由时光也被剥夺了，意味着关上家门出去参加聚会的可能被剥夺了，意味着从早到晚，都有孩子无止尽的需求需要满足，意味着要接受一天24小时一周7天的工作量，意味着你不再是姐妹嘴里的"蕾儿""珊珊"，不再是闺蜜聚会里的"知心姐姐"或是"开心果"。你只有两个角色，而且还没得可选，一个老婆和一个妈妈，两个角色彼此交叠，反正就是没完没了的活计，没完没了的操持。

为了给自己所剩不多的"自由时光"添上最后的华彩，妈妈们开始筹备派对。

我有幸也在受邀之列，没想到的是，邀请函提前两周就收到了，这是一张精美的电子邀请函，封面应该是以《红楼梦》"琉璃世界白雪红梅"一章为主题的国画，白雪堆砌的纯净世界用了大量的留白，而点缀其中，身披大红猩猩毡斗篷手捧红梅的宝玉却由细腻工笔描绘。点开封面，邀请内容徐徐展开，除了时间、地点、活动内容以外，邀请函还特别标注出每个出席的女士要准备一套走秀服，不会化妆的女士联系"妆服组"的晟兰提前化妆。

这个"彩蛋"我没有想到。三年来，参加了妈妈们准备的多次活动，这次一提到着装，还"走秀"，让我隐隐感到这次活动确实"不一般"。

果然，到了现场，我一下子被惊艳到，虽然户外进入冬月，蜡梅吐苞，已是寒意森森，但是，屋内暖气足，参加派对的女士们穿着修身，有四位身着高衩旗袍，腰身婀娜，头发高高挽起，露出优雅的颈线；有两位穿着喜庆的拜年汉服套装，一位马面裙上刺绣梅菊，一位明制披袄上刺绣蝴蝶戏牡丹，风姿绰约，头发也细致地盘起，束上同色系的发带；有的穿着中西合璧的套装，显得高贵典雅；任丽延续既往飒爽的风格，但是这一次穿着浅银灰色修身西装套装，裤腿微喇。虽然延续了她一贯的中性风，但是今天她脚上偏偏蹬了一双 6 公分的酒红色踝靴，更显英姿绰约又风情万种。而且，所有的女士们都修眉涂唇，淡扫腮红，披挂盛妆。

我面对这一场面，不禁"哇"了一下，惊叹起来。

在场的所有妈妈向着门口看来，面对吃惊的我，也哈哈大笑起来，她们对着我笑，也对着对面的姐妹笑，她们从彼此的身上看到了不同以往的样子。她们真美，美得不可方物，美得不同凡响，主要美得不同日常。

与她们相处了这么久，我太熟悉于她们平常的样子。与职场女性不同，这些生活在二线城市的全职妈妈们，追求的就是一种舒适和随意。她们很少打理妆容，穿的也不太讲究，出门时稍微化一点淡妆，大多数就是素面朝天。如果孩子生病，妈妈们就只能留在家里照顾，宅上几天，那就是一套家居服，一双棉拖鞋，里里外外，难得收拾了。

出门参加姐妹组织的小活动，她们会稍微收拾一下，但是，高跟鞋已经不再习惯，不穿高跟鞋，那么，过去在职场打拼的漂亮"战袍"也穿不起来。往往穿柔软的修身打底裤，套一件打底的半修身毛衫，再加上一件休闲外套，足够出门就OK了。

所以，我这么长时间所熟悉的妈妈们在造型上都维持"基本面"，从不追求"高端展示"。

年尾派对在鲍菁的主持下隆重开幕。旗袍组走秀，名为"民国淑媛"；汉服组走秀，名为"盛唐梦回"。许薇给我们展示了贝多芬的钢琴曲《致爱丽丝》，身着杏色欧根纱重工并蒂提花刺绣小礼服的秦筠，给我们朗诵了余秋雨的诗——《我在等你》。

当然，也有几位妈妈没有盛装，她们担纲后勤，给我们端茶、端水果，操持着她们熟悉的老本行。

我看着，笑着，拍手鼓掌，我们频频相拥，开怀大笑。

恍惚间，我仿佛回到了大学校园，每年寒假前元旦晚会的现场。

只是,这里仿佛是一所女校的班级联欢,所有美好的观众都只是自己,没有男士在场,没有来自异性的眼光。也许,恰恰正是因为没有男士,才让我们这些女性如此放松,如此欢快,如此坦诚,也如此勇敢。

"勇敢"?我为什么想到了"勇敢"?

因为我知道,在我面前的有好几个妈妈,她们穿成这样需要勇气和底气。她们的老公有的不愿意她们打扮,有的"禁止"她们化妆。有的老公虽然不明说,但是,日积月累的评头论足,已经让很多"尺度"和"禁令"深入妈妈们的内心。今天最勇敢的就是方菲,妈妈们围绕她的夸赞最多,她也是我一进门都没有认出来的一个。从我认识她,她就是长发,但不是蓬松飘逸的长发,而是无精打采的长发。她发量不多,又塌,头发长了也不打理,就在脑后低低地扎一个黑色的皮筋,把长发束拢起来。细细的辫子拖在后背,一直到腰间。她个子不高,所以,无论从前面看还是后面看,这个长发都让她很不精神。方菲一直想剪个利落的短发,但是,她老公从来不让她剪头发,开始的理由还是"身体发肤受之父母",后来就干脆两个字"不行!"

方菲今天剪个一个短发,不是一般的短发,是一个非常俏皮的短发,她把鬓角和脑后的头发都剃得很短,刘海剪得高高的,像一个小男孩儿。但是,这个短发却效果很好地把她的脸庞衬托得非常有灵气,刘海下面的眼睛也格外有神。方菲今天的穿着也不寻常,上身是玫瑰色泡泡袖高领毛衣,

> "女为悦己者容"
> 取悦自己，是全职妈妈找回自我的重要一步

下身是乳白色毛呢短靴裤，毛衣领口上点缀的几颗珍珠纽扣与白色的毛呢短靴裤相映成趣，脚蹬过膝厚底袜靴。她的装扮风格与平日大为迥异，简直脱胎换骨。妈妈们纷纷拥抱她，夸赞她，给她鼓励，但是，也有妈妈打趣说："方菲，看你这风格换的，咋啦？老公也换了吧？"

我之所以在她们的"美"中看到勇气，还因为她们挑战了普通人对于"全职妈妈"的刻板印象，也因为她们终于大胆地对自我进行积极的肯定。

我接触的这些全职妈妈们，与北上广一线城市的全职妈妈们有所不同。一线城市的很多全职妈妈，老公或者年薪百万，属于高收入阶层；或者早年完成创业梦想，实现财务自由；或者有些妈妈本来与老公一起创业起家，全职在家也股权在手，经济无忧。雄厚的经济实力允许妈妈们实现家务和育儿市场化，家务由保姆负责，育儿则部分委托给家庭教师。居住在中国财富浓度最高的北京五环外后沙峪别墅区的妈妈们就属于这个群体，她们被网络上称为"顺义妈妈"，她们的生活堪与纽约上东区的富人家庭妈妈相提并论。耶鲁大学人类学家薇妮斯蒂·马丁《我是个妈妈，我需要铂金包》中对她们有着细腻的刻画。相同之处在于，她们都拥有财富资本，她们都不需要亲自操持家务，她们都非常在意孩子的培养以确保其家庭的社会地位不至于在下一代手中滑落。

不同之处在于，记者龚菁琦在一篇题为《北京顺义妈妈：事业金钱都有了，只剩下拼孩子的教育》的文章中写道，

顺义妈妈不像纽约上东区富人区妈妈那样热衷穿着，在各种定制的衣服品牌等级里被辨识。她们衣着都很普通，"有人穿着卡通T恤配运动短裤，最时髦的也不过是一件男朋友式及臀衬衫，光着腿的穿法"，这种不事打扮、甘于平凡的穿法确实具有中国全职妈妈的特色。我所关注的这一群生活在二线城市的妈妈们，老公大多为高级打工族或者第一代创业者，收入属于中等偏上，距离财富自由还比较遥远。妈妈们选择全职的原因主要为家中实在没有人手帮忙带娃，或者因为自己就业环境不稳定，怀孕后被迫离职。所以，对于她们而言，全职在家当妈就意味着节约出请保姆的钱，请家庭教师的钱，甚至节约出去外面下馆子的钱。她们既是钟点工，又是家庭教师，既是厨师，也是家庭医生。因为她们全职在家，为家庭省去了很多额外开销，这种经济型全职妈妈根本没有那么多时间和金钱去负担"美"，也没有氛围和场合去展示"美"。

全职妈妈们没有充足的闲暇时间，没有充裕的经济基础，没有可以被悦纳的环境，也没有被欣赏的机会，日复一日，天天都是洗洗涮涮，擦擦抹抹。鲍菁曾经形容她的生活："我就像沤在腌菜坛子里的雪菜，一泡水一把盐，天天泡在里面，整个人提溜出来都是蔫的。"不仅如此，全职妈妈身处的氛围，也无时无刻压抑着她们本应爱美的本性。方菲从不打扮，就是因为她老公主张"朴素"，"你天天在家里，有啥好打扮的，给孩子做做榜样，就朴朴素素"。珊珊老公非常反对她化妆，"涂口红的里面有几个好人？当妈的人了，不要跟那些网红学"。家人反对的理由很多，而且经常上纲上线，荆钗布裙才代表着对家庭的投入，灰头土脸才标志着对丈夫的忠诚。爱打扮与当好妈妈成反比，妈妈们只能掩藏天性，假装拥抱"朴素"。所以，今天这场派对，妈妈们用张扬的美宣誓着对"美德"说教的反抗，宣誓着身体主权的确认，将天性中对美的追求释放出来，让自己回归自己，哪怕只有一天。

那一天，我们过得非常开心，回味一下，那天几乎每个人都好好地"臭美"了一把，那几个没有打扮起来的妈妈也在回家前，让晟兰给勾了一下眉毛，选了色号涂了口红。妈妈们之所以如此尽兴，其实就是因为她们好久没有"美"过了，没有时间"美"，没有勇气"美"，没有"场合"美，更重要的是，家中没有"悦己者"。所谓"女为悦己者容"，女人愿意在欣赏自己的人面前装扮，本来爱人应该是"悦己者"，经常被老公赞美的女人也更加愿意去美，在老公欣赏的眼光面前，女性呈现"美"的最佳状态，临水照花，梳云掠月，以美的表达证明性的吸引。每个女性能在家中喜欢呈现美，那说明家中有一双欣赏的眼睛，每个女性愿意花时间去妆点美，那说明家中有能接纳的心胸。

但是，现实，真的如鲍菁所说的，全职妈妈仿佛被放入坛中腌制的菜，"绽放"已经是遥远的过去。只有出了家门，挣脱了缠绕在身体上的万般琐事，挣脱了束缚在思想上的道德说辞，妈妈们的美才能得以释放，得以绽放。

美，本身就是一种祝福

爱美是人类的天性。考古学家经常在古人类遗迹中发现骨骼和工具，同时考古学家也总是能发现人们用来装饰自己身体的首饰，这些首饰远比文字更早。2004年，挪威卑尔根大学的研究者们在南非印度洋海滨的布隆波斯洞穴中发现了41枚穿有小孔的贝壳，他们相信这是迄今所发现的年代最为久远的一件首饰。这些贝壳采自某种淡水贝类，而且经过精心挑选，每颗珠子都大小均匀，留有植物或皮制线绳的痕迹，科学家推测这些贝珠曾被串起，作为项链或者手链使用。更为有趣的是，贝壳上的残痕还表明它们曾被涂成红赭色或是曾与红赭石发生接触，通过碳测，它们被精确断代为7.5万年前的物品。

我们虽然无法推知这串贝珠的主人是男性还是女性，也无法推知这串首饰是定情的信物还是来自长辈的礼物，但是，可以肯定的是，人类从来都喜欢用心装饰自己，对美的追求从来都是人的本性，而将身体作为美所呈现的载体也传递着积极的信号。尤其在史前社会，人们一旦有了制作首饰的时间和精力，有了表现美的需求和能力，那么至少证明这个部落没有食物短缺的折磨，也没有敌人围剿的危机，更没有大规模疾病的侵袭。他们悠然自得，又淡定从容。我们可以想象，7.5万年前，温暖湿润的印度洋海滨，一个部落栖息此

"女为悦己者容"
取悦自己，是全职妈妈找回自我的重要一步

地，他们白天采集果子，捕捞鱼类，闲暇时候就悠闲地在海滩上捡拾着贝壳，部落里只有几位年长者拥有钻孔的技术，他们在年轻人搜集来的贝壳里精挑细选，慢慢地磨蚀钻孔，精心染色，并将它们串成一串串美丽的首饰。在南美洲大陆穿行的法国作家、人类学家列维-斯特劳斯（C. Lévi Strauss），造访了栖居在这片大地上的土著居民，卡都卫欧人、波洛洛人、南比克瓦拉人……这些居民拥有共同的特点，他们可以使用的物品非常简陋，也非常少，一个破了边沿的瓦罐，一个顶在头顶的篮子，一把手斧几乎就承担了家用的全部。他们几乎连衣服都没有，却有着华丽的装饰，男人们拥有巨大的羽冠，女人们则拥有通过漫长时间打磨出来的项链、手环、脚环，妈妈传给女儿，代代相传。每逢仪式，男人女人就精心披挂出所有的装饰，载歌载舞。

是的，人们热衷装饰、热衷于美，因为"美"本身就意味着祝福。

土著居民们敏感于大自然的赐予，因为他们的存在使得大自然的存在也被赋予了灵气，支撑起人群社会的意义。他们用美的表达与自然进行着亲密呼应。她们尽可能地撷取自然之馈赠，用理解与阐释酝酿，赋予到对于身体的祝福。人成为呈现美的载体，人们在闲暇的时候呈现美，在祝祷的时候呈现美，在仪式中挥洒美。而母亲在等待孕育的时候，仍然去热切地期待美，美是每个人被接纳的欣喜，被观照之安心，所以实质上，美是一种丰饶的祝福。

191

实用价值优先？

可以很明确地说，一个社会如果能积极称颂肉体的美妙，而且不把性爱视为禁忌和毒药，这个社会中女人将拥有较高的地位，至少不会存在性别不平等。英国社会人类学家马林诺夫斯基（Malinowski）的学生奥德丽·理查兹（Audrey Richards），在赞比亚的本巴人（Bemba）中开展了田野调查，她作为为数不多的女性人类学家，顺理成章地研究本巴女性的成年仪式——祈颂姑。本巴社会是母系社会，根据母方来计算人群世系。本巴社会已经进入了农耕阶段，人们用刀耕火种的方式开垦土地、种植作物，但是，由于社会相对发达，每个大家庭有了足够需要打理的积蓄，而且，这是一个等级社会，部落男性酋长享有着较高的权力和威望。所以，本巴社会只有年长且持家的女性才拥有较高的社会地位，同时她们把年轻的女子作为听话的助手。进入生育阶段的年轻女子是繁衍氏族人口的重要劳动力，当地疟疾和肺结核病高发，婴幼儿死亡率极高，所以，作为部落重要仪式，祈颂姑的主角虽然是等待成年的年轻女子，但是仪式却主要围绕着教导年轻女性服从年长女性为核心内容，兼顾为婴儿祈福。长达二十三天的冗长仪式过后，女孩们最终要学会"顺从"，要表现"成熟"，要充满了干活的意愿。在这个过程中，女孩的美被完全无情地忽视了，仪式的任何一个部分都没有对这

"女为悦己者容"
取悦自己，是全职妈妈找回自我的重要一步

些花季少女表达赞美，反而有非常多期待女孩未来生育很多孩子的仪式。祈颂姑房中有大量鱼的图案，意味着获得鱼的生殖力；墙壁上画着果子的图案，也是生殖的象征。女人们常在姆彭杜树上采集果子，树枝被插在祈颂姑房顶，目的也是让女孩多生孩子。过了成年礼之后，小小女人们就要为生育准备。

  这个文化太过于追求生产和生育，没有任何对于其女性自我呵护的关照。而本巴的这一文化特性似乎很容易让我们联想到什么？进入现代社会之前，农耕社会最重要的就是劳动力的生产，我们的文化拥有与本巴文化一样明确的生殖崇拜，而女性与生殖有着天然联系，女性被期待生育，被期待生育更多，被期待成为好的母亲，被期待为孩子奉献一切。文化过度指向孩子，女性就只能天生注定成为母亲。如果美丽并不能确保她生育，那就不值得欣赏；如果窈窕不能确保她生育继承者，那就不值得追寻。美在类似这样的社会中仿佛一树不结果的木槿花，人们也许会路过它，向它瞩目，欣赏它的美艳与妖娆，但是，人们肯定不会将它们栽种到自己菜园，浪费土地，减少口粮。所以，女人啊，你美则美矣，但是，然后呢？

妇好，被称颂的力与美

  学者通过观察姓氏规律发现中国早期文明存留着母系氏

193

族社会的痕迹，作为世系符号并由代际传承的姓中，很多都带有女字旁，如姜、姬、姒、嬴、姚、妫等。这证明女性不仅拥有与男性同等的社会地位，而且还可以将自己的血脉以氏族的方式传递后世。

早期中国历史，妇女确实在政治上发挥着实质作用。商王武丁之后妇好墓葬发掘展示出中国上古时期女性的力量。妇好虽然是商王的妻子，但是她能征善战，卜辞有"登妇好三千，登旅万乎伐羌"，意思是说"商王武丁征发妇好所属三千军队和其他士兵一万人，前往征伐羌国，全胜而归"。从卜辞上还可以看出，她还曾北讨土方，东南伐夷，西败巴军，为商王朝拓疆辟土立下汗马功劳。妇好不仅是战略家，而且还是实战家，她生前使用的大铜钺重达8.5—9公斤，可谓孔武有力。但是，最为有趣的是，妇好还是一位热爱打扮的女性，在出土的1928件器物中，有大量的玉器，而其中装饰玉器有426件，还有宝石类器物，如绿晶、玛瑙、绿松石、孔雀石等，另外还有499件以整发髻的骨笄。我们可以想见这位兼具勇谋的善武之妇，战时披袍，闲时佩玉，她一定梳着高高的丰美发髻，点缀玉石琼珑，用庄严华美的妆容呈现仪态万方的气质。

女性拥有权力与呈现美的天性总是合二为一，达成默契，当她获得荣誉和尊重时，她自然就通过美来视觉化地彰显。所以，美与女性身份息息相关，甚至如何美、怎么美、为谁美都是女性地位和处境的某种外化表达。

进入家庭后,无法再拥有真实的"被看见"

全职妈妈渴望被"看见",不是象征意义上的"被看见",而是真实的"被看见"。是男人没有发现美的能力吗?不是的;是男人不知道赞美能让女性多么快乐吗?不是的。对于一些男人而言,美意味着吸引,也意味着欲望;意味着愉悦,也意味着高高在上。美丽的女性是他们在婚前向往的对象,是可望而不可即的客体,是引诱和折磨他们的意象。

蒹葭苍苍,白露为霜。
所谓伊人,在水一方。
溯洄从之,道阻且长。
溯游从之,宛在水中央。

美似乎天然就包含着一种无法超越的距离和无法获得的失落。

美剧《广告狂人》第 5 季 11 集,男主人公唐团队竞标捷豹 E 系跑车的广告,唐在展示创意的时候,呈现了一段关于男性如何看待"美"的经典段落。

我一生见过很多美丽的女人,尽管她们嘴上不承认,但是关于她们的赞美,女人们百听不厌。深沉的美无法抗拒,因为它唤起了你沉睡已久的热情，因为它撩拨欲望，因为它一命难求。我们总是天然渴望那无法企及的美，我们仰视它总是高高在上，我们沉溺于它似乎触手可及，直到最终拥有。

唐带领团队最终夺标，其原因在于，这段广告词说准了男人对"美"的感知。

美是欲望的撩拨，也是征服力的唤起！美永远在可得和不可得之间，得不到的永远是美的极致，但是得到之后，这美瞬间灰飞烟灭。似乎迎着阳光飘舞的七彩泡泡，轻盈、透明、绚烂，它可以毫不谦逊地享受你赋予它的所有赞美，除了你要伸手将它抓住。

从传统意义上，婚姻关系确立，妻子附属于丈夫，男性不再习惯于妻子用充满张力的美，给家庭带来一种跳跃式的不确定。而确定的，对于家中的丈夫而言，就是平庸的、日常的。

他们吝啬夸奖，有意忽视，他们扮演着妻子的"差评师"，有意无意用负激励的方式，熄灭了妻子向往美的热情。他们蔑视，不厌其烦地贬低妻子，最终就像《复仇者联盟》(4)灭霸打了响指，那个美丽的妻子灰飞烟灭。

妻子对于家庭而言，结实耐用远远要比赏心悦目重要，柴米油盐的生活更是教会了一些男性，妻子的美并没有溢价功能，让妻子越快接受自己是"工具人"的现实越好，工具会美吗？工具能美吗？工具应该美吗？一辆本来要载重的车辆，如果有着保时捷718的身型，那一定不符合预期。

"女为悦己者容"
取悦自己，是全职妈妈找回自我的重要一步

我不能说丈夫们是有意将"美"摒弃在家庭之外，但是，事实上，妻子们已经很习惯于将美展现于丈夫背后，只要在丈夫的视线范围内，妻子们就是庸庸碌碌的平凡主妇，就是操持家务洗衣做饭的"常驻钟点工"。但是，只要远离丈夫的视线，哪怕只是刚刚在浴室冲完一个热水澡，茉莉润肤露清新香气还停留在皮肤上，秀发散发着香柠味道，她也许不会快步踏出浴室，不想这么快被孩子小手抓住或拍打。她面对浴室的镜子，柔和的镜前灯光笼罩在面庞，她的脸庞恢复了少女般的粉红。她就静静地站上几分钟，欣赏自己饱满的额头和柔和的下颌，富有线条感的锁骨和圆润的肩膀。她可能挺直脖颈，垫着脚尖竖立几下，手臂张开侧举，再缓缓抬起到头顶，她在模仿小女儿初学芭蕾舞的可爱动作。就几分钟，短短的几分钟，她用眼光抚爱着自己，自己也用优美回馈了她，独处时，她又回来了。

或者春日午后，家中一切收拾停当，刚刚擦拭过的柜门、窗台、桌面折射出微光。坐在梳妆台前，她翻出久已不戴的茶黄粉紫珍珠项链，在颈后搭住挂钩，哪怕只是一身的灰粉抓绒居家服，哪怕脚上还穿着蓝色条纹的棉质地板拖鞋，冰凉滚圆的珍珠接触颈部的皮肤，凝望镜中这个熟悉又陌生的女子，那一刻，被剥夺的，被伤害的，被忽视的，被蹂躏的，所有她们对美的热望，宛如初生，又都回来。

为什么在婚姻中，全职妈妈对美的追求普遍被老公所忽视？是耳鬓厮磨太久，失去了性的吸引？还是低调朴素的妻子对于丈夫而言更加勤于家务，是绝好的贤内助？这两种分析其实都是源于心理学。如果我们换个角度，从经济学原理进行剖析，可能还可以探讨到另外一层原因。

美国人类学学者理安·艾斯勒（Riane Elsler）在《圣杯与剑——男女之间的战争》（The Chalice and the Blade）一书中描述了进入《圣经》时代的社会，女性普遍被父权所控制，女性不仅变成了父亲家族的财产，而且在婚姻中也成为"商品"被交换。英国社会学者凯瑟琳·哈金（Catherine Hakim）的著作《甜蜜的金钱》（Honey Money）则从资本的角度论述女性的美貌发挥了经济资本、人力资本和社会资本等多重作用。从生物选择论角度，男性所偏好的异性"美貌"体现了生殖力旺盛时期的女性特征，如光洁的皮肤，饱满的嘴唇，明亮的眼睛，富有光泽的头发，高耸的乳房和紧实的臀部，这些具有性吸引的美丽，都指向了拥有者年轻、健康的身体特征。已经有很多研究表明，拥有通常所认为高颜值，具备高性吸引力的女性，其雌激素水平也较高，这意味着其卵子质量较好，受孕成功率较高。如果女性是婚姻市场上的"商品"，那么男性用丰厚的彩礼来交换什么呢？在父权制社会，没有什么比生育后代、传承子嗣更加重要。从男性角度看，女性的外在美只是一笔信用担保金，越美的女性，她的担保金越高。

所以，进一步推论，在婚姻市场中的女性，外貌并非交易的标的，它只是一个担保。离开了市场，女性的外貌没有丝毫价值，固守传承香火观念的男性们并不会把妻子的美貌真正当回事，婚后孩子出生，这个担保转化为子嗣的价值，美貌使命完成。所以，曾经被《诗经》称颂过"美目盼兮、巧笑倩兮"的庄姜，颠倒过芸芸众生，但是她嫁入卫国后，没有产下子嗣，丈夫卫庄公无情地冷落着她，接连再娶陈国的厉妫和戴妫。庄姜这位美绝千古的女人终于在无人之境任花颜凋零，而讴歌其美貌的诗歌《硕人》也永远地蒙上了一层悲剧的暗调。

追求美，是进入一种束缚还是获得解放？

转换时空，在不同场景里面，"朴素"与"装扮"却被赋予不同的含义。

20 世纪 40 年代，二战后的美国进入经济发展的快车道，商机遍地，各行业迅速发展，由此催生了一大批中产阶级。他们拥有丰厚的经济收入，过着优渥的生活，典型的中产阶级意味着在郊区买一栋有着白色栅栏的别墅，男主人开着福特轿车在城市的办公室与郊区的家庭间奔走，两个或三个可爱的孩子，吸尘器、洗衣机、电冰箱等家用电器一应俱全。当然，这个家庭中主持一切的是一位能干且聪明的主妇，她熟练于家务，有着优雅的谈吐，她朋友不多，都是周围的主妇邻居，大家在一起不过是交流着如何育儿，如何熨烫衣物。她们一定要精于打扮，她们要像维护自己家庭中每一样家具一样精心对待自己的外貌、烫染头发、修饰指甲、妆容精致、身材挺拔。她们一定要非常善于挑选和搭配衣服，她们通过装扮彰显品位，让自己随时都做到光鲜靓丽。

外貌之所以至关重要，因为这个也是美国中产阶级梦想的一部分，家庭妇女的装扮微妙地体现了丈夫的经济实力，也体现出自己的阶层归属。悖论产生于这些女性在努力装扮，她们并非为了自己，而是为了丈夫，为了家庭，她们无法获得回归天然的权利。20世纪60年代，身为家庭妇女的贝蒂·弗里丹（Betty Friedan）出版《女性的奥秘》（*The Feminine Mystique*），成为美国第二次女权运动的先声，很多家庭主妇参与了这次社会运动，她们从主张堕胎作为起点，逐渐将运动扩展到扫除女性刻板印象，争取女性工作权力等领域。运动中，主张权力解放的女性们一改过去精致妆容，她们素面朝天，穿着牛仔衣；她们扔掉高跟鞋，穿上露出脚趾的凉鞋；她们摘下首饰，甚至把头发披散开来。最具有标志性的活动是"焚烧胸罩"，其含义是将女性从男性的凝视中释放出来，拒绝以色侍人。

在美国第二次女权运动中，"朴素"成为抵抗夫权束缚的标志。

无独有偶，1949年，中华人民共和国成立，伴随着共产党领导下妇女解放运动的推动，女性走出家庭进入职场，实现独立和自主。20世纪50年代，在城市，大量的妇女进入到机关、企事业单位就业，即使是没有受过教育的妇女都通过接受扫盲教育和基本的技术培训，到工厂做工。在农村，女性也成为公社一员，与男性一起出工、下田，赚取工分，获得职业身份成为那个时代表达政治正确立场的积极态度，

> "女为悦己者容"
> 取悦自己，是全职妈妈找回自我的重要一步

同时，女性也通过就业，从单位获得收入和其他社会保障。这一历史潮流也在女性外貌的改变上体现出来，涂脂抹粉、梳妆打扮专属于人们对家庭妇女的刻板印象，张爱玲编剧，桑弧导演，上官云珠主演的《太太万岁》，蒋天流扮演的太太陈思珍，梳着高高的 S 头，穿着精致旗袍，涂着口红，而这一形象成为共和国新女性们所鄙夷的对象。

新中国的女性们也与美国第二次女权运动中的女性一样，追求朴素。她们剪掉辫子、洗去铅华，用对身体的解放来表达对传统父权、夫权的反抗。她们如男性一样去强身健体，野蛮体魄，她们剪短头发，不化任何妆容，穿着尽量不带女性特征的衣服，简朴中带着飒爽。1957 年由谢晋执导，刘琼、谢芳主演的《女篮五号》就是那个时代女性风采的展示。那个时代的女性形象一改传统的纤弱娇柔的病态形象，而是以各行业能手的"铁娘子""铁姑娘"示人。

身体是人自然存在的前提，它似乎具有天然的主体性，但是它也是不同文化所模塑的客体，人们借助对身体的塑造，表达与身处氛围的呼应，由此产生出主体性。每个人都拥有并熟悉自己的身体，人们运用身体去获取经验感知，形成体验，同时也通过身体来发出行动，彰显主张。身体呼应着她周遭的环境，主动或被动与各种社会关系建立连接，身体如何塑造以及如何表达，都呈现出人对于自身所处境况的回应与抗争。

8

身体与爱欲

亲密关系最真实的部分，无法伪装

人类的性活动是社会学习的结果，人们学习性角色、性行为方式和性行为中权力控制关系。社会化过程强化了性活动的双重标准，女性被教育成要对性知识一无所知、要克制、顺从、沉默、贞洁和忠实；而男性要表现男子气、力量和荣誉。女性更多地学习了与婚姻和家庭相关的性别角色；在贞洁被视为妻子的最高美德的时代，性知识对女性来说不仅是无用的而且是有害的。

——佟新《社会性别研究导论》

"阅读"男人，讨论成年人的情爱

在我与妈妈们的闲谈中，谈到最多的话题是孩子，当然，这些女性已经通过生育被牢牢地赋予了"母亲"这个身份。她们在家里被叫做"妈妈"，她们出来的时候也被人称为"某某妈"，很多妈妈微信备注的称呼就是"瓜瓜妈""想想妈"，我真的用了一段时间才搞清楚这些妈妈本来的姓名。我们聚在一起，聊孩子，聊你家的"宝贝"，我家的"宝贝"，养育一个孩子，需要海量的知识储备，还有接连不断的实践操作。

美国发展心理学家爱利克·埃里克森（Erik H Erikson）幼儿心理学研究表明，孩子一岁之前无法建立完整自我认知，在婴儿的世界里，自我与母亲合为一体，而对于妈妈而言呢，其实也一样，她们已经把孩子与自我混淆，只要那么短短的几个月，甚至几天，孩子与她就合二为一，她已经不能想象没有孩子的生活。

我很少会听到妈妈们谈论老公，她们会提起，比如：

"今天还好，老公说接娃，我可以晚点回。"

"昨天老公又跟伢扯皮，呕得伢一晚上都不好好吃饭。"

"我家的是急起来就是一顿吼，孩子就只找我，怕他爸爸。"

这些女人背后的男人，信息稀缺，面目模糊，就像她们常常以妈妈的身份出现一样，那些男人也更多的时候就是"爸爸"。爸爸、妈妈、孩子，构筑了一个合格的家庭单元，功能撑起了角色，角色行使着义务。我看到妈妈在爱着孩子，爸爸也爱孩子，孩子也爱着爸爸妈妈，但是，爸爸是否爱着妈妈，妈妈是否也爱着爸爸，家庭单位中两个成年人之间所涌动的情绪要素和情感潮汐我却所知甚少。

初秋周四的一个上午，天气有点阴阴的，炽烈夏日过后，朗朗的蓝天就不多见了，武汉的秋总是伴随着接连不断的阴天和细雨。花点时光花艺生活馆是我们每周四读书会的固定场地，今天上午都没有客人，老板娘秦筠也坐下来，加入了读书会。这次是阅读《正面管教》（*Positive Discipline*）的第 8 次，这本书读得差不多了，而在座的几个妈妈也彼此非常熟悉了。时间到了中午，窗外还是阴沉，看不太出来到底几点，生物钟提醒了我们，一看表，12 点半，该吃午餐了。

任丽有点神神秘秘地说："既然都这么晚了，我们就叫个外卖，下午我们接着读本书怎么样？"

大家有些好奇："什么书？"

任丽调皮地咧嘴一笑，一字一顿地说："成人书。"

妈妈们都笑了，打趣道："啊?！你这是要带我们走上邪路啊？哈哈……"

任丽定了定神，在包里翻了一下，把一本书持在手里，扬了扬对大家说："没有，没有，科学面对，我推荐下午看《男人那东西》。"

晟兰颔首说："哦，知道，渡边淳一的。我看过一点。"

大家的目光都转向她，问："你看过？怎么样？"

晟兰说："我以前也是学医的，渡边淳一是医生，写得可以，生儿子的看了也可以学会对男孩子进行性教育。"

任丽看大家都很有兴致，询问了店主秦筠，秦筠欣然同意，大家闲聊着，打开某团点了外卖，等待下午开读《男人那东西》。

我当然也留下来，妈妈们阅读一本书，速度很慢，与其说是读书，不如说是借着书来进行社交。每次读书的时候，带读人念出一段她印象深刻的段落，都会引发在座妈妈们的讨论，大多数妈妈都是就亲身遭遇有感而发，或者呼应书中的内容，或者加入自己对书的理解。我已经非常熟悉她们各自的孩子，也非常了解她们各自的育儿理念，但是，对于了解她们的另一半，阅读这本书一定会提供绝佳机会。

果然，下午一点半，《男人那东西》的闪聚读书会开始了。

也许是每个人都对在场妈妈很熟悉，也许是下午错过午觉，妈妈们有点晕沉，心理防线松弛。也许是外面持续阴沉的天气，使妈妈们觉得花点时光格外温馨，愿意吐露心声。

当然，开始阅读的时候，妈妈们还在偷笑、打趣，阅读第2章《幼少期》，作者笔下男孩们欲望奔腾，难以克制，让妈妈们忍俊不禁。伴随着阅读第9章《性爱高潮》，妈妈们开始沉静，她们感到渡边淳一所描述的中年男人，在对待性的姿态上，与自己的枕边人何其相似。不少结婚数年的妻子对丈夫都有这样的不满："他也太自说自话了，想要的时候，根本不考虑我的感受，没有任何前戏一下子就进来了，完事后又立刻自顾自地睡了。"

不论学历高低或收入多少，任何层次都有这种在性爱生活中十分自私且单调乏味的男人。事实上，性爱与一个人的学历和身份地位等因素没有任何关系，只有将这些外在的虚幻的东西彻底抛开，才能显露出这个人的真实自我。

性与爱，婚姻真实状态的试金石

晓兰与在座妈妈们相比年龄最长，平时她很内敛，话不太多，但是她做事却非常周到，组织活动经常是鲍菁，但是场务工作都是晓兰在默默付出。

她叹了口气，苦笑着说："不管是敷衍还是不敷衍，我和我们家的就是纯室友关系了。"

鲍菁也接着说："以前是多年父子成兄弟，现在啊，多年夫妻也成了兄弟，真的不是姐妹，就是兄弟。因为我都感觉我被生活历练得好 man（男人）啊。"

一席话，把大家都逗笑了。

任丽说："我看到一句话觉得很有道理，叫婚后才迎来最漫长的空窗期。"

在座几乎所有的妈妈都频频点头，又不约而同地说：

"婚姻是爱情的坟墓。"

那天下午，妈妈们第一次袒露了关于"自我"的生活，除了作为妈妈之外的，作为妻子的存在，关于自我的肉体与性爱的生活。

当她们作为妈妈在场，我能感受到这些女性的热情和对于生活的强大使命感。她们热烈地爱着孩子，热切地关注着孩子，她们借助学习和讨论掌握孩子成长的一切。走过来的妈妈自信地传授着各种经验，年轻妈妈也通过不断地学习摸索，变得自信而强大，因为这些妈妈们知道，只有她们，才是孩子最为坚实的依靠。在育儿的场景中，妈妈们就像是掌舵的船长，脚紧紧踏在起伏的甲板上，眼睛投向大海，她们必须紧盯住波涛，把握住风向，将孩子带向成长的彼岸。

但是，作为妻子，尤其作为枕边人的妻子，妈妈们的状态变了，她们有很多犹疑，对自己，对丈夫，她们有很多不确定，对身体，对欲望。不同于做母亲的她，对于这些不确定，她们并不想去追寻答案，她们总是想把这部分的不确定藏入家里的某个角落，不看不说，最好彻底遗忘。

任丽说："我知道我是不拒绝那个的。刚结婚的时候，两个人在床上挺开心的，都没有什么忌惮。但是，我家娃出生，我老公就好像怕羞一样，躲着我。有段时间，孩子夜哭，他就晚上睡书房，睡着睡着就习惯了，孩子都5岁了，现在我们也没有到一起。我现在要是什么时候挨着他一下，靠他一下，他都好像不自然，还转身走了。"

晓兰说:"我家呢,我老公不知道是老派还是怎么,从来不看我。那个的时候,灯一关,有时候被子还蒙到起,几分钟,完事马上起身,上卫生间洗刷刷。有一回,我们结婚纪念日,我还提前在网上买了一身内衣,维密的,睫毛蕾丝,有点小性感。晚上我们还喝了一点红酒,我进卧室,先把这套内衣穿上,结果呢,他根本看都不看,气得我第二天就给扔了。"

晓兰说到这些的时候,脸上带着笑,语气调侃,但是,我们都知道,男人这么做一定会给女人带来羞耻感,他们以为自己在做什么?一次打赏?一次恩赐?还是一次自娱自乐?他们刻意忽视与妻子的互动,有意回避妻子的回应,他们把做爱当做独自一人的活动,这种不明说的轻视,比明明白白的羞辱更加让人难以忍受。

那天我注意到,珊珊一直没有说话,她一直倾听,时而微笑,时而沉吟,读书会结束第二天,她通过微信给我发来了她想倾诉又没有倾诉的心声。

珊珊非常清秀,鹅蛋脸,眼睛细长,皮肤白得近乎透明,是个不折不扣的美人儿。刚来到读书会时,大家都不住地把目光投向她。珊珊结婚很早,上大学时,家里还有一个哥哥也在上大学,母亲一直唠叨珊珊不听她的话,母亲希望珊珊高中毕业就出去打工,减轻家里的负担。好在父亲支持珊珊,但是家里供养两个大学生经济压力还是很大。珊珊大一就开始出去打工,大二那年暑假,珊珊应聘了一家广告公司的文案工作,也结识了现在的老公。她老公比她大 15 岁,已经在职场混迹多年，经验丰富。

"我接受他完全是因为当时家庭环境太难了。我大三那年寒假，把半年打工的钱，除了留下1000元生活费，我都给家里寄回去了。给我妈打电话，电话里就吵了起来，我妈还是说我读书白白浪费钱。"

"我没有回家，那个年是在我当时还是男朋友的老公家度过的。"

"然后，过了一个寒假，我发现自己怀孕了。"

"我没脸再回到学校，回到宿舍，就匆匆跟老公领了证。我老公也刚好付了首付，为我们准备了婚房。"

毕业前的怀孕，中断了珊珊的学业，也中断了她的职场梦。珊珊第一胎生了儿子，隔了两年，又生了一个女儿。而在她怀孕、生育的过程中，她老公却开始了对她的家暴，第一次是她怀着儿子的第七个月，第二次是刚刚出了月子，第三次是怀着女儿的第四个月。

珊珊发完了这条语音微信之后，很久都没有再发，我也不知道如何回复她，我真的非常震惊！如此可人娇美的珊珊！又是身在孕期，凭什么？！

过了很久，珊珊再次发了语音："马老师，你肯定认为我很软弱，为什么不离婚。"

"我当时，那种情况，整个人都是懵的，那个时候，我没有朋友，没有亲人，没有半点外部的支持，我甚至都失去了分辨是非的能力。我有的时候愤怒，有的时候又觉得可能是自己做错了。我没有办法离婚，还有一个原因，我家里那个情况,我不知道离婚之后往哪里去。"

珊珊生完女儿,就直接搬到了儿子、女儿的房间。

"我把自己当成他的亲戚,当成他的妹妹,当成他的保姆,但就不是他老婆。

"我知道他在外面找女人,可能还是小姐,他嘴里的'逢场作戏',但是我不在乎了,我只是想陪在孩子身边,看着他们长大。

"我没有办法接受他碰我,他一碰我,我就真的会反胃,真的,我躲着他。现在他也习惯了,他觉得我那方面有毛病。"

珊珊语音陆陆续续地发过来,从上午,一直到下午,虽然她的故事让我很不安,但是珊珊的语气沉稳、淡定,她笃定地知道自己要什么,也笃定地确认自己不要什么。她在已经很逼仄的世界里,做出了至少是比较合适的选择,或者说是妥协。

我在妈妈们对性的现实描述中,听到了"稀缺",听到了"厌恶",听到了"压抑",听到了"孤独",这些女性面对性的时候,很少享受愉悦,很少被赋予满足感,没有在性爱中得到尊重,更没有获得支持与欣赏。她们总感到莫名其妙地缺失了什么,也对在性爱中自我的失落困惑不已。但是,就像我之前说过,她们不追问,她们保持沉默。她们可能已经与老公达成了妥协,生育是夫妻性爱的终点,一旦完成了生育使命,性爱就彻底消失。妈妈们的身体与爱欲被置于无人之境,她们自己似乎也割舍了对于欢爱的渴望。

当然，对于全职妈妈性爱状况的了解，我很难获取完整的资料，我所访谈的妈妈中，秦筠的婚姻最为幸福，每个节日，每个生日，每个结婚纪念日……老公再忙都要安排好时间，他们会每个月"约会"一次，二人独处，重温亲密。但是，秦筠仍然会说，因为老公工作压力太大，应酬比较多，两个人的那方面也很少，更多的时候是陪伴，而非激情。对于爱，她能在老公的礼物中感知到，在老公发送的语音中感受到，在老公时常的赞美中感受到。但是，直接诉诸愉悦身体的缠绕爱抚，以欢愉为目的的亲吻抚慰却真的少之又少。

这是一场以私语为开头的主题，但是，我却没有听到隐秘、私密与甜蜜，反而是由性而引发的两性角力，话题里面有权力，有控制，有暴力，有回避。这与我想象的完全不同，作为女性，我们都曾经历过少女时期，我们想象性，渴望爱，我们认为性与爱必然是完美的结合，爱到深处，情之所及，神秘花园的探访，悸动之后的喜悦。而从妈妈们的倾诉中，我看到这个花园到处是枯枝败叶、残垣断壁，这里罕少人至，凄凉到几近阴森。

靠爱活着的我们，纯净的性爱是一种本能

在黑暗的草原里面，营火熊熊闪光。靠近营火的温暖，这是越来越凉的夜里唯一的取暖方法；在棕榈叶与枝所形成

的不牢靠的遮蔽物后面，这些遮蔽物都是在风雨可能吹打的那一面临时赶工搭建起来的；在装满整个社区在这个世界上的所有一切少许的财富的篮子旁边；躺在四处延伸的空无一物的地面上，饱受其他同样充满敌意、无法预料的族群的威胁之下。丈夫们与妻子们，紧紧地拥抱在一起，四肢交错，他们知道是身处于彼此互相支持和抚慰之中，知道对方是自己面对每日生活困难唯一的帮手，知道对方是那种不时降临南比克瓦拉人灵魂的忧郁之感的唯一慰藉。

访问者第一次和印第安人一起宿营，看到如此完全一无所有的人类，心中充满焦虑与怜悯；似乎是某种永不止息的灾难把这些人碾压在一块充满恶意的大地地面上，令他们身无一物，完全赤裸地在闪烁不定的火光旁边颤抖。他在矮树丛中摸索前行，小心地不去碰到那些在他的视线中成为火光中一些温暖的反影的手臂、手掌和胸膛……成双成对的人们互相拥抱，好像是要找回一种已经失去的结合一体，他走过其身边也并没中止他们的相互爱抚的动作。他可以感觉得出来，他们每个人都具有一种庞大的善意，一种非常深沉的无忧无虑的态度，一种天真的、感人的动物性的满足，而且，把所有这些情感结合起来的，还有一种可以称为是最真实的、人类爱情的最感动人的表现。

这段文字来自《忧郁的热带》（*Tristes Tropiques*），法国作家、人类学家列维-斯特劳斯第一次造访南美洲大陆的记录，他深入探访当地土著居民的部落。这些曾经创造过文明辉煌的土著居民们被殖民者残酷地剥夺、驱逐、征服，他们只能流离失所，从文明巅峰一点点退却，直到退回蛮荒时代，人们身无长物，赤身裸体。但是，他们作为人，没有丧失的是对情爱的馈赠与表达。

无数次阅读列维-斯特劳斯的《忧郁的热带》，无数次被这一段描写打动，这段性爱描写如此深沉纯净。在南美洲大陆上踽踽而行的南比克瓦拉部落，忍受着殖民者带来的可怕疾病，忍受着难以寻获猎物的匮乏，忍受着来自其他部落的袭击，南比克瓦拉人贫困如蝼蚁，卑微如尘土。然而，即使困窘到无法想象，这群只能赤裸地栖居在大地上的人，仍然没有放弃拥抱与爱抚，没有放弃彼此的温暖陪伴。

性爱需求的生理机制

美国心理学家亚伯拉罕·马斯洛（Abraham Harold Maslow）将人类的需求分为五个层次，分别是生理需求、安全需求、社交需求、尊重需求和自我实现的需求，层次理论似乎告诉我们，需求具有层次，只有基本生物需求得到满足，才会逐渐产生立足之上的需求。性爱，既不是生物的基本需求，也并非自我实现需求，甚至在很多道德家看来，性爱与堕落划等号，自我实现恰恰要超越性爱。

生物学的研究并不这么认为。生物进化过程，大自然不断设计奖赏来刺激行动，性爱的奖赏是大脑中所分泌的"内啡肽"（endorphin），内啡肽伴随欢爱活动而产生，愉悦身心。内啡肽亦称安多芬或脑内啡，是一种内成性（脑下垂体分泌）的类吗啡生物化学合成物激素。它是由脑下垂体和脊椎动物的丘脑下部所分泌的氨基化合物。内啡肽在进化历程中扮演着除了繁衍以外的重要角色，例如，当早期人类遭遇猛兽袭击时，大脑分泌内啡肽来镇痛，并且还会在人类逃生的时候，为肌肉提供额外的能量。当然，两性欢爱能够激发大脑的内啡肽更为活跃地产生，它能使我们产生心满意足的快乐，让我们更加自信，增进两性之间稳定的关系，也促使两性更积极地参与到下一代的抚养。

所以，内啡肽并不止步于"需求"的某一端，它既维系基本需求，同时也是高级需求的推动剂，欢爱并非是"饱暖思淫欲"，或者以生殖为目的的无聊手段，它应该是人之所以为人的基本权利。

美国人类学家阿什利·蒙塔古（Ashley Montagu）在《触摸》（*Touching: The Human Significance of the Skin*）一书中指出，我们最强烈的肉体和情感的感觉，都是从关爱的触摸中产生的。我们不仅从触摸中得到快乐，而且在痛苦时得到安慰，在绝望时得到希望，更从触摸中得到那种不可或缺的感觉，即我们不是孤零零地生活在这个世界上，而是与同类中的其他人联系在一起。

智利生物学家马图拉纳（Maturana）说，我们人类确确实实"靠爱活着，任何时候剥夺了爱，我们就会生病"，其他物种也表现出我们称之为"爱的感觉"。更复杂的，更长寿的，也聪明的物种中，如海豚、大象、鲸和人类的同伴灵长类，表现得尤为明显。

性生活与性服务，不平等，无欢爱

相比于职业女性而言，全职妈妈在性爱方面所承受的稀缺窘境更为严重。

原因在于，全职妈妈在一个家庭场景中承担了太多的角色，这是她的职场，也是她的花园；这是她的阵地，也是她的育儿巢。她确实很难从这么多角色中清理出一个工作和休闲的界限，在日复一日的操持中无法超越出一个释放身心、享受愉悦的"我"。

尤其在一些家庭中，赚取收入的丈夫不知不觉扮演"老板"的角色，而老婆只能扮演"员工"，相互之间的差距导致了不平等，这种性爱很难融洽，甚至难听点说，这是老公的性生活，是老婆的性服务。当女性的劳动被紧紧束缚到家庭，无法实现劳动力的社会价值转化，如果女性将结婚作为获取稳定的生活资源，如果女性丧失了平等的经济权，那么婚姻中的性也就很难谈得上是性爱。正如马克思恩格斯撕破了市民社会婚姻的虚伪面纱，从女性的角度戳中赤裸的现实——婚姻就是长久的卖淫。

性爱确实有着不可替代的欢愉，但是，通往欢愉的基础是两性之间的平等与尊重。一对伙伴能够欢爱，一对朋友可以欢爱，一对情侣可以欢爱，但是，"老板"和"员工"呢？那不是欢爱，那是"老板"对"员工"通过性的继续榨取。

他回到家，把鞋子胡乱脱到门口，妻子过去摆好，顺便擦拭地板上的泥点。

他转到客厅想喝一杯水，一看净水壶里，水已经见底了，"老婆，水呢？不订一壶?!"

吃饭的时候，他一手拿着筷子，一手握着手机，边吃边看。但是挑剔是必不可少的："素菜就是素油，你这是放了什么油？""粥里水要少放，你让我吃米还是喝粥？"

他脱下的衣服要放好，他随手剥落的果皮要整理。这个家里的"老板"，行走的"员工守则"发布者让空气紧张。老婆心里嘀咕，老爷什么时候快去上班，我可以轻松一下。这对关系中的夫妻，怎么能想象还有爱的欢愉？

鲍菁愿意记录下一些家庭琐事，我在她的简书所记录的大量育儿手记中，也能翻检到一些夫妻间的故事，她喜欢用诗歌的方式记录下她的夫妻关系。比如：

真的累了，
想要一个自己的壳，
累了，缩在里面。
困了，缩在里面。
我就窝着，
一动不动。
我想任性地活，

哪怕只有一天。
现在,
我身边的这个人
他到底是监工?还是老板?
每天都碎碎念,
餐桌上就一定要摆牙签盒吗?
炒菜薹放不放豆豉有那么重要吗?
地每天早上都要拖一遍吗?
我累了,真的累了。
……
我想要一个依靠,
我不哭泣,
我也不撒娇,
我就找个肩膀靠一靠。
但是,身边的人,
看着很近,天天晃在眼前,
其实很远,喊破嗓子才发现,
他的心在天边。

鲍菁这样的记录不多,但是经常会引起其他妈妈们的共鸣。在岁月的磨砺下,自己慢慢变成家庭的"打工人",而丈夫成为"监工",打工与监工,两者很难融洽,更遑论亲密。

如果说家庭就是职场,如果在职场表现出性的诱惑,证明你不够专业，你能力不行。那么在家庭中，你也要去性化，而且是去两性化，变得中性。就像鲁迅曾经说过，中国的女性只有女儿和母亲的两种属性，但是缺少作为妻子的属性。妻性维度的缺失并非女性自愿放弃，而是她们的周遭环境，无论是大环境还是小环境，都缺乏对于妻性的滋养。传统社会，一个进入生育期的女性，总是刚刚结束一段生育，又要开始一段生育，绵延不绝的生育把女性与母性紧紧锁定。今天，成就一个孩子需要密集化养育，尤其对于城市中产阶级家庭来说，这个密集投入指的就是母亲，孩子的智商、情商、财商，孩子的德育、智育、美育，很多女性全方位无死角地投入育儿领域，母性牢牢掌握着女性。

家庭将女性工具化，从劳动力到身体，如果性是享乐，那么婚前，是可以享受身体的愉悦。但是，婚后，身体就与工具合为一体。身体既是劳动的工具，也是生育的工具，而身体就不能同时是享乐的载体。对于女性而言，性是一种从肉体到精神的全面唤醒，但是遗憾的是，我们所承载着半教育功能的性的呈现，都没有很好地由女性作为主体视角来书写，所以，男性所看到，以及女性认识到的"性"，都是一种不准确的状态。男性看到的是"心甘情愿"，客体化的被操控，被满足；对女性而言，"性"往往是超越女性自我意识的失控，是不由自主。换句话说，男性恰好借用对性的施舍，实现对女性的操控，认为性可以驾驭女性，使女性放弃自我，甚至理性；而女性也会将性认为是一种控制，一种交付，一种将自己放置牺牲台上的献祭，对自我的彻底让渡。

在这个过程中，完整的、理性的、自尊的，同时给予和满足的性爱，似乎并不存在。

性是一个爱的过程，但如果性只是手段

全职妈妈在家庭中难以争取平等，所以也影响了性爱中的欢愉。她们甚至因此拒绝性爱，通过拒绝这个姿态至少能够保全自己所剩无几的尊严。在一起阅读《男人那东西》的时候，我抛出了一个问题，作为女性，我们最享受性爱的部分是什么？

如果我们把性爱分为"前戏""进入""高潮""事后的抚触"，几乎所有的妈妈都选择了"前戏"和"抚触"，只有秦筠选择了"高潮"，她开始不好意思地笑，把头埋在臂弯，然后又突然坐直，正儿八经地说："我觉得那个时候，尤其是两个人一起的时候，两个人就真正有一种默契。"

鲍菁选择了"事后的抚触"，她说："我知道啥叫'事后的抚触'，但是我根本没有得到过这个待遇，他要不完事儿自己点根烟，跑到卫生间，要不就呼呼睡了，跟书里说的一样。"她突然好像很生气，脸有些涨红。

李琴犹豫了半天，说："我选择了第1个，选这个也是因为得到的太少了。"李琴缓缓地说起了自己的一件"糗事"。

我生儿子生的比较辛苦，剖了之后，我疤痕体质，8月

份，大夏天，又化脓感染。正在给儿子母乳，不敢用药，前前后后，等我差不多愈合，都冬天了。过年回到老家，那天晚上我妈说帮我带孩子跟她睡。我那是从怀孕以后第一次跟我老公同房。我真的有点小激动，睡觉之前都是笑盈盈的，也不知道为啥笑。但是，关灯后，他一直都没有碰我，我说的不是那个，而真的是"碰"都没有"碰"，手指头都没沾，背过身睡着了。听到他呼噜响起，那一瞬，我真想把被子掀了，跑到外面去透透气。我一夜都没睡，那种感觉怎么形容呢？我脑子里蹦出了一个词——"屈辱"。

在场的我们都明白，李琴肯定不是所谓的"饥渴"，她不过是想通过夫妻之爱获得一种深沉的肯定，无论她肉体经历了什么，无论她现在是否有变化，那个时候，夫妻之爱能让她直接领会爱人对她的支持，能够重燃她的自信。如果说口头的赞美是肯定，那么肢体的触摸也是肯定，而性爱是夫妻间最美好的肯定。

我们为什么都选择"前戏"和"事后的抚触"，因为这两个部分才体现了"做爱"之"爱"。如果没有这两个部分，那跟"双人肢体运动"没有任何分别，只有加入了这两个环节，我们做的才是"爱"。

在众多妈妈们的卧室里，这两个部分却非常稀缺，男性不愿意去花更长的时间去孕育性趣，更加不愿意在事后还要与妻子延续性爱的余绪。除了生理方面，男性的不应期等因素外，在我们的文化教养中，我们没有非常正面的渠道来接触性，认识性，更没有积极的方式去学习性。

我们所接触到的信息源，直接给性贴上了一个不道德的标签，并且给性知识标注了一个脚注——"危险"！我们所接受的信息基本包括了：如何认识"性"带来的危险，如何规避"性"带来的危险，如何化解"性"带来的危险。

我曾经做过一项针对大学生的性知识学习调查，结果显示，所有男生性知识都来自 A 片，而女生的性知识很多来自小说等文学作品。那些专门为男性观众拍摄的性爱视觉作品中，女性作为性的对象，其形象被极大扭曲，女性接受性的方式更是充满了极多的错误想象。理安·艾斯勒用"暴力的色情化"来概括整个色情产业中的导向，不仅暴力占领了性的主题，而且，更可悲的是，色情影片还将对女性的刻板化推向了极致。女性软弱、愚蠢、贪婪，充满诱惑，又非常令人讨厌。

女德中的性禁忌

如果说色情影视产业呈现出的女性形象是欲望凝视的客体，是承受蹂躏和践踏的对象，是男性既要占有、征服，又要摧毁、破坏的他者。那么在另一端，明清理学对理想女性的塑造则深谙三从四德，相夫教子，侍奉翁婆，"克勤克俭"。在理学家的期待中，她们日常可勤俭理家，夫亡则守节终生，战时更能碎身而死。（彭而述《先节母暨长女殉难纪略》）所有的颂扬都指向了一个方向——将女性作为理学化身，她可以是母亲，可以是儿媳，可以是妻子，但是她就不能是她自己，她不能拥有属于自己的快乐，也肯定没有属于自己的期待。身体，随时准备自杀以死节的身体，怎么配拥有欢愉，尤其是性爱的欢愉？

最近几年，一种耐人寻味的社会现象悄悄兴起，引起了人们的关注，那就是"女德"死灰复燃。一开始，这些所谓"女德班"披着国学外衣，经营者挖掘旁门左道，拼凑教材，宣扬三从四德等价值观。"仁义礼智信""温良恭俭让"或"忠孝勇恭廉"等标语，通常是"女德班"的现场布置工具。（任剑涛《"女德班"也是新儒家尴尬的一面》）看上去如此拙劣的"信息营销"竟然受到不少人的追捧，有的全职妈妈也愿意主动接受这样的"教育"，希望能通过女德培训维系家庭和谐。

日本女性主义作家上野千鹤子说："一旦出现什么不大合适的事情，就会说这是传统，是封建，把原因和责任推给'传统'。我从事女性研究之后才发现，这个原因是现代的，是社会制度的问题，是社会结构问题，并不是'遗留'的问题。"

如果说"女德"的死亡是新中国女性解放运动的成果，新中国女性普遍职业化，"顶起了半边天"，创造了令世界瞩目的女性就业率，那么，今日"女德"死灰复燃意味着经济转型时，很多女性回归家庭，女性地位需要再次讨论。

正如任剑涛从新国学角度提出的分析："今日中国，是急遽转型的复杂社会。所谓新旧杂陈、方生未死、矛盾丛生、犬牙交错。在某种意义上,女德班是处在转型社会旋涡中的女性寻求当下出路的一种急迫尝试。在女性解放和女权伸张之际,女性的德性如何塑造,要遵守什么样的道德规范,在伦理学与道德实践上都没有现存答案。善意理解女德班,它可能是适应社会转型的一种紧张尝试。"

苏苏在访谈中跟我说:"我老公以前特别反对我学这学那。突然有一天,给我发了一个课程链接,让我点进去学,他还帮我缴了费。我一听,就是'女德'那一套。"

女德训诫与色情影视貌似大相径庭,却本质上里应外合,两者都是将女性进行彻底的客体化,一个从思想上否定女性对自我权利的拥有,一个从身体上贬低女性在性爱过程中的尊严与完整。林素娟在《空间、身体与礼教规训》中说:"女性身体教育与其说是在成德,毋宁更侧重于规训与惩戒,或对男性德性威胁的解除与成全上……在此种角度下,女体往往具有他者的性质而被贱斥,成为亟待规训、驯服的对象。"

类似女德的训诫让男性不肯将快乐通过性赋予女性,当他们可以在性方面都制造压抑的时候,他们才是真正的掌控者,这也是普遍的丈夫们不愿意"前戏"和"事后的抚触"的隐秘原因。他们将性爱功利化,无趣化,他们不愿意见到妻子在性爱中得到欢畅的享受,他们甚至恐惧这欢畅会启发出一个贪欲无穷的"淫妇",而"杀淫妇"几乎是传统章回小说最无争议、最受热捧的桥段,无论是性的操控和剥夺都成为行使权力的工具。

同时，我们当然不能推论色情影视产业造成了男性普遍的性行为"失职"。但是，相较于色情影视的普及，正常表现性行为，两性视角都能认可的性爱作品却严重匮乏。男性很难获得关于性的正确信息。由爱而性对于很多人来说是一个难题，他们面对女人和性会拥有复杂的心态，一方面他们会产生强大的冲动，这个冲动因为裹挟着暴力而让他们害怕，他们在内心扮演着占领与屈从的游戏，秘而不宣；另一方面，他们会因为色情产业中扭曲了性的本质而对性产生厌恶，他们将自己的性冲动与性爱分离，在做爱过程中男性内心撕扯，貌合神离。

"前戏"和"事后的抚触"是对性的一种非常积极的宣告，唯有这两个步骤的加入才能充分活化"性"在夫妻关系中扮演的积极作用，才能使爱在性的过程中传递和升华，才能使两个人都获得充分的身心满足，才能够算得上是高级灵长类之爱。性并非只是一个生育的手段，它应该是一个承载信任的过程，一个表达尊重的过程，是爱的过程。这两个步骤的实践需要耐心，需要肯定，需要包容，需要时间，而"耐心""肯定""包容""时间"，都是现代人的奢侈品，比珠宝贵重，比铂金包难求。能够以成熟心态来建立性意识的人，才能将爱与尊重转化到这两个步骤中来，才能慷慨地相互给予，才有可能坦然面对，共攀高峰。

9

寻找回来的自我

我是谁，我来决定

我想，回忆起往昔的辛酸就会明白，一笔固定收入会给人的情绪带来多么剧烈的变化，这确实令人惊异。世界上没有任何力量能够夺走我的五百英镑年金。食物、住房和衣服，永远是属于我自己的了。因此，不仅勉强苦干终止了，仇恨与辛酸也消散了。我不必仇视任何男人；他伤害不了我。我不必奉承任何男人；他没有什么东西可以给我。

——〔英〕弗吉尼亚·伍尔夫《一间自己的房间》

我们该如何让全人类——尤其是女性——"忽而向上"呢？我之所以特别强调女性，是因为提升女性，就等于提升全人类。同时，我也在思考如何提高人们的觉悟，让每个人都愿意帮助女性提升。因为有时，只要不去拖累女性，就是给她们翅膀。

——〔美〕梅琳达·盖茨《女性的时刻》

相比于前工业化时期的传统女性和工业化时期的家庭主妇，身处于互联网时代的80后、90后全职妈妈们堪称幸运。市场经济快速发展大大提升了生活品质，自媒体时代赋予每个人发声的机会，多元化经济让人们可以从单位制束缚中解脱出来，网络交易、社区经济等为全职妈妈提供更多可能的就业选择。"一职定终身"的时代一去不复返，现代经济与就业类型更形象地体现出"人人为我，我为人人"的商业精髓。妈妈们的价值可以不限于在家庭中体现，她们还可以通过各种渠道实现价值输出，满足更多人群的需要。

全职妈妈/烘焙师

任丽提前一个星期就跟我约好了时间，我们相约到欣儿家里拍摄小视频，给欣儿的手工烘焙做推送。主意都是任丽一手策划的，她负责拍摄，文案则交给了我。

武汉疫情期间，妈妈们的线上活动开展得有声有色，网聚的频率比平时线下还要多，读书会、优势工作坊、写作工作坊……一个都没有落下，在孩子们上网课之前，妈妈们就已经熟练运用腾讯会议、钉钉，"云聚"从未让妈妈们因为疫情中断与"组织"的联系。

疫情过后，妈妈们还是希望能找机会聚在一起，毕竟线下见面可亲可抱的"质感"远远超过线上。所以，任丽一邀约，我就欣然赴约，一方面跟妈妈们见见面，另一方面，我想探讨自由职业状态中的全职妈妈，借用网络概念，我将她们称为斜杠妈妈——除了"全职妈妈"这个身份之外，她们还在"/"后承担着几重角色。现代生活方式的多元化催生了多元化的就业模式，一个人只要通过某种技能去满足他人需求从而获得相应经济回报就可以称为职业，职业已经不再对应于"职场"，上班也远远不再指"朝九晚五"。很多女性在抚育期间开辟了就业渠道，解锁自己身上的诸多技能，有的妈妈甚至身兼数职。

欣儿很低调，每次妈妈聚会自我介绍环节，她的开场总是："我是一名二孩妈妈，全职在家，我没有工作经历。"事实上，她已经斜杠很久，在很多妈妈的朋友圈美照里，孩子生日聚会出现的生日蛋糕、圣诞节的姜饼屋、日常下午茶的高颜值马卡龙、端午节必不可少的绿豆糕都是出自她的手。而她自己的朋友圈却很安静，晒出的成品都很少，她只会偶尔发一张食材的图片，或者厨房的一角。

欣儿的甜品太受欢迎，总有熟人找她订蛋糕，她一个人守着厨房，产出有限，每天把自己累死，也满足不了订单的需求。欣儿其实更擅长各种解锁。市面上网红甜品一出，欣儿很快就能解锁出配方，做出来的比买的还好吃。任丽想出了点子，把重点放在内容上，拍视频，教甜品制作，亮点就在于各种解锁，主题是打造甜蜜生活方式。

以前担任"渠道经理"的任丽思路清晰，几个月来，任丽一直学习视频拍摄，也特别想找个主题练练手。

欣儿家的面积不大，两个卧室、两个客厅，欣儿把厨房和餐厅之间打通，把操作台延伸到餐厅，操作台下面是凯度嵌入式烤箱，操作台上摆放着打蛋器、搅拌机、硅胶揉面垫和各种模具。

任丽进门后先给了欣儿一个大大的拥抱，然后就"膜拜"欣儿的厨房，连声说："颜值够了，颜值够了，加个光就行了。"

"我呢？需要化妆吗？"欣儿笑着问任丽。

任丽端详了一下。欣儿天生丽质，经典的鹅蛋脸，眼睛不大，总是带着一抹微笑，再多笑一点，唇边就会多出两个浅浅的酒窝，天气热，欣儿今天穿着低领奶黄色莫代尔棉T恤，外搭了白色镂空钩花小坎肩，配色温柔又显得人很有活力，任丽眨了下眼睛说："戴个耳饰，找个耳环戴上更上镜。"

最终，椭圆形设计感亚克力果绿色耳环被任丽选中，戴上后果真更显活泼。

录制开始了。

对于烘焙，欣儿已经了如指掌，不需要盯着烤箱观察温度下面胚的各种反应，但是，她仍然喜欢在面胚经过高温烘烤而迅速蓬起的那一刻盯住烤箱的玻璃门，看着它们仿佛一瞬间被魔法鼓动的精灵，赋予了生命，长大、长高、长漂亮。

今天烘焙的内容叫"南瓜克拉芙缇"，颜值够高，刚好配合着任丽的视频拍摄。克拉芙缇，法文名叫 Clafoutis，据说在法国家喻户晓，是一道主妇必备的午后甜点，工序并不复杂，关键在食材。欣儿是材料的"品控王"，她自谦说："我手艺不行，材料来补。"其实，欣儿的"老客户"不是邻居就是朋友,她在制作甜品蛋糕的时候都带着做礼物的心态,"想让他们感受到我的诚心诚意",欣儿笑着说。

"有好几个邻居,家里孩子从能吃辅食的时候开始就吃我做的南瓜泥、胡萝卜泥、水果泥,长大一点就给她们做水果派、蜂蜜蛋糕。我楼上这家的女儿,从 1 岁生日开始,蛋糕都是在我这里订,一直到现在 4 岁了。她弟弟也快 1 岁了,我又要给他们家准备 1 岁蛋糕了。"

一边聊着一边拍着,我的脑海里也构思着文案,时间过得很快,差不多两个小时,各自接娃的时间就到了。回家构思"文案"的过程中,我涌现出更多问题要与欣儿交流:烘焙对欣儿意味着什么?欣儿希望人们通过她的烘焙感受到什么?欣儿在烘焙的过程中感受到的美好如何描述,以及欣儿希望自己将烘焙带到哪一步。同时,我想通过欣儿来了解这些斜杠妈妈们的日常。借着任丽第二次录制的机会,我跟欣儿开始触及内心的聊天。

用烘焙起跳的新人生

回想少女时期,欣儿没有什么快乐,虽然说是花季,县城里面的中学,周一穿到周五的校服,灰扑扑的,漂亮一点的女孩子怕街头的小混混,把头发剪得很短。家里每个人都似乎承担着沉重的使命,哥哥打工,爸爸跑长途运输,嫂子和妈妈在家里带侄子侄女。作为家里的幺女,她的任务就学习，升学，每个人都忙忙碌碌，她找不到撒娇的机会，她也不会撒娇。欣儿印象里从没有进过厨房，厨房是属于妈妈和嫂子的，端出来的饭菜永远都是那几样，冬天是蒸腊肉配腌菜，春天是腊肉炒蒜苗。学习没有快乐，吃饭也没有快乐。欣儿喜欢甜的，喜欢夏天是因为能吃到冰棒，过年有米花，春天槐花的一点甜都能让她快乐。

与老公一年半的恋爱，欣儿记住的是老公第一次请她吃饭，她点了好几样甜品，炸鲜奶、冰糖南瓜烙和蛋挞。餐后一起逛街，老公又给她买了一串冰糖葫芦。

婚后，欣儿拥有了自己的厨房，但是，她似乎没有什么勇气去摸索。当了太多年好学生、好员工，欣儿只知道跟着标准答案做才没错，"循规蹈矩最安全"，她根本不敢发挥。置办厨房用具的时候，她跟老公一起只买了炒锅、砂锅和电饭煲，欣儿说："那个时候我对自己能不能把饭做熟都不指望，根本就不敢想撸甜点啦。"

一直到二宝——小饴糖都三岁了，欣儿才真正接触到烘焙。

"以前的接触是眼睛接触，看到一些网上的妈妈们的烘焙，很眼馋。"

欣儿有一次带着小饴糖参加幼儿园的亲子活动，老师端出了亲手制作的布丁跟大家一起分享，还安排了亲子烘焙的环节，带着妈妈宝宝们一起制作蛋糕。蛋糕已经做好了，给我们安排的就是裱花的环节。

"无论如何，我这才算是真正意义上接触了烘焙。"

欣儿展现出了天分，第一次手持裱花袋，她裱出来的却跟老师展示的几乎一模一样。站在旁边的手残党们，看见她的成果，不仅哇的赞叹了出来，甚至还给了她掌声，这是欣儿人生中第一次收获掌声。此前漫长的三十五年的岁月里，欣儿的个人字典里只有"乖巧"和"平凡"。

"我其实一直没有找到自己的热情，我连打游戏都不喜欢，不喜欢看小说，不喜欢逛街。在接触烘焙之前，我一直都是陪伴别人做喜欢做的事。我都是配角。"

烘焙点燃了欣儿的热情。她毫不犹豫迅速跳坑，遨游在烘焙的世界里。欣儿主动查找资料，动手实操，反复试验，她记笔记，记录过程数据，厨房成了她的实验室。欣儿说以前最讨厌化学，现在想来，如果化学课教的是烘焙，结果肯定不同。刚开始，家里没有烤箱，她就做一些不需要烤箱的甜品、焦糖甜甜圈、糯米糍、芝士蛋饼、绿豆糕……上手不久就已经颇具卖相。端午节前，欣儿做了几批绿豆糕，斩获了好几位妈妈的芳心，开始有了"订单"。

半年后，欣儿买了烤箱、和面机、华夫饼铛、破壁机……原本不大的厨房显得更加拥挤，欣儿虽然身在螺蛳壳，但是"道场"还是像模像样。无论是"气疯"了无数烘焙爱好者的戚风蛋糕，还是劝退大神"法式马卡龙"，都在欣儿的手里驯化得服服帖帖。欣儿在烘焙这条路上走得无比顺畅，低调地"经营"着她的甜点小铺。

我必须要在经营两个字上打上引号，因为比起她在制作上的精益求精，欣儿在经营方面真的马马虎虎。朋友圈基本见不到她晒甜品，只接朋友邻居的订单。在一些视频平台上，她会发一些视频，都是干货，没有美颜，自己录，连字幕都没有，欣儿只有看到"在哪里能买到"的留言时，才会甩一个微信号，加了微信才能订，而且只接同城。

我原本以为经营马虎就是不差钱，其实并不是，仔细聊到这个话题，欣儿才说出个中缘由："这个时代，我们都是普通人，谁会不差钱呢？我老公也笑我，食材买得又贵，人工搭进去得又多，做甜品赚的比搬砖的少多了。这还真是一句实话。但是……"欣儿突然放慢了语速，"烘焙对我来说不是生意，而是治愈。只要进入厨房，只要开始制作甜点，我就能专注，就能安静下来。我要的既不是结果，也不是目的，而是过程。回想我这么多年，在没有遇到烘焙之前，我是个旁观者，陪衬别人生活，无论是在家里做女儿，还是在现在的婚姻中做妻子、做母亲，我都有种配角的感觉，配合老妈老爸的知足，配合老公的幸福，配合孩子的开心，我经常听到'做人生的主人'这句话，但是我真的不知道这句话是什么意思，什么叫作人生的主人？一直到我遇到烘焙，我才明白这句话的意思，就是发现一个能让自己喜欢，能在里面感受到成就的事情，能任由自己任性，因为我知道，我任性了还能有个好的结果。我曾经为了赶制绿豆糕，四点起床，站在厨房操作台前，一点也不觉得辛苦。我觉得那一刻，我主宰了人生，我很享受这种控制感"。

欣儿以前只知道烘焙让她很享受，但是她并不知道"烘焙时刻"她享受的到底是什么。

可以掌控的满足感和收获的甜蜜感

直到欣儿跟着邻居一起参加读书会活动，起初目的是为了学习《正面管教》，应付已经进入"讨狗嫌"年纪的儿子。结果跟读的时候，欣儿学会了"控制感"这个概念。

1976年，美国心理学家艾伦·朗格（Ellen Langer）和朱迪斯·罗丁（Judith Rodin）在老人院开展了关于"控制感"的研究，他们发现，提供控制体验的养老院老人，他们普遍健康水平要好于那些缺乏"控制感"的老人。控制体验包括老人可以安排自己房间的摆设，可以决定部分时间安排，决定娱乐活动的内容等。通过对自己生活施加"控制"，老人拥有了控制感。控制感是一种心理协调机制，与安全感、自信心、价值感、自尊心、优越感具有紧密的关联。研究者通过继续追踪和对比研究发现，拥有控制感的老人健康水平要高于缺乏控制感的老人，同一时间段内死亡率前者也要比后者低一半。学者舒茨（Schulz）在同一年度开展了相似的实验研究，结果也是一样的，失去控制感会让人感到沮丧、焦虑、不安，缺乏自尊，容易消极和绝望，从而影响健康。

生活的过往倒是一切平顺，没有什么起伏和沮丧，然而，欣儿始终缺失某种可以建立"控制感"的机会："和我结婚是老公的目标，在武汉定居也是老公的计划，四口之家是老公的理想。他每天都是兴冲冲，总是有动力，我有的时候会质疑自己，我到底想要什么。"

"不知道""不确定"的状态让欣儿总是时常处于"失控"焦虑的边缘：

（我）会在深夜醒来，混混沌沌地睁开眼睛，窗帘后面透过微光，屋子里好静，没有孩子跑来跑去。一瞬间，这一切都很陌生，距离我很远，不知道自己身在何处，不知道自己是谁，会心慌，会怕这个生活其实跟自己无关。

欣儿以前会觉得这是一种患得患失，现在想来，这应该就是心理学意义上的"失控"。"失控"让欣儿拉远了与生活的距离，让欣儿失去投入生活的热情，欣儿在"失控"中压抑、退缩，而有的时候情绪暴躁，用错误方式"刷"一下存在感。

"控制感"需要目标-行动来逐渐建构，而点燃属于自己的热情是关键一步。

"这是我学习'洛克定律'才知道的，"欣儿调皮地皱了一下鼻子，笑着说，"本来参加读书会是为了学习怎么给儿子建立好习惯，结果，我的收益最大。"

"洛克定律"是马里兰大学管理学教授埃德温·洛克（Edwin Locke）提出，他用"篮球架"作比喻，篮球架高度恰好比人的正常身高高出一截，人需要努努力去够到。这种合适高度的目标既能激发人们的热情，让人只要不断行动付出努力就能看到回报，又不至于目标过高无法达到而心生沮丧。简单地说，洛克定律就是指要树立一个"跳一跳，够得着"的目标，并通过目标一点点地达成来激发内在动力，从而形成对生活的控制感。

欣儿笑着说："我现在再没有那种对'家'的陌生感，再也不会在半夜醒来心慌意乱。我只要有这个厨房，这个家就扎扎实实地属于我。"

烘焙就是支撑欣儿起跳的"篮球架"，她喜欢，又有天赋，她通过努力攀登到一定的境界。欣儿的"控制感"也正是通过一炉炉的肉桂卷、戚风、巧克力碎曲奇重新建构。欣儿与烘焙之间形成了某种隐秘的连接，她赋予面粉、杏仁粉、鸡蛋、糖、黄油、蔓越莓以生命，而烘焙则坚定支撑起她与世界的连接，赋予她坚定自我认知的勇气，给予她骄傲与尊严。她不愿意把烘焙放任到市场里，欣儿怕有一天，订单涌来，自己忙着应付订单而厌恶烘焙本身。

全职妈妈/讲师

70后、80后的全职妈妈们有哪个没有厌过学呢。应试教育体制下，每天早出晚归，每天背诵刷题，做不完的作业，考不完的试。出身县镇、农村的妈妈们从小就被大人念叨："好好学习，才能考到城里去。"那个时候农村生活的苦处逼着她们再苦再累也要学，要考取到城市读书。所以，说起

"学习"，妈妈们都首先认可，这是件"苦差事"。学习就是为了考试，考试就是为了改变命运。当妈妈们通过考试"上岸"之后，最容易放弃的事情就是"学习"。

徐燕笑着说："真的是年轻不懂事。大学毕业就把书送给学妹，以为自己一辈子都不用学习了。"

买房、结婚、怀孕、生子……人生一件件大事就赶到眼前，老公专注事业，徐燕打理家庭，两个人没有协商什么，分工就自然地走向了"男主外，女主内"。徐燕每天打理家庭，每天都在"输出"，没有时间坐下来学点什么，所谓的"学习"也无非是学会一道"汽水蒸肉"，学会"小儿推拿"。

"读书的时候，想着什么时候再也看不到这些书就好了，但是，自己组建了家庭，反而很羡慕老公天天学这学那，说话越来越高深，人的状态也很充实。"不知道从什么时候开始，徐燕开始反思自己，反思自己的缺失。

跟老公比起来，徐燕觉得自己好像缺少了很多东西："我遇到事情能躲就躲，事情过去也就过去了。每天打交道的就身边几个人，一些很小的事情，只要需要沟通，我宁可让我老公来处理。"徐燕原来以为这个是男女有别，事实上，并不是，"全职妈妈"的日子并非"岁月静好"，而是"日日消耗"。

徐燕从她的"失语"状态跟我讲起：

全职妈妈的日常生活很奇怪，就是你其实一天到晚，都在说、说、说，说个不停。跟孩子说"吃饭啦""喝水啦""屙屎啦""这不要摔啦""那不要碰啊"……跟老公说"什么时候回来?""快换拖鞋""吃饭啦,快点""送孩子,带上水杯"……

你会觉得自己说很多话,但是没有一句是自己愿意说,也没有一句是孩子、老公愿意听的。你说出来的一大部分是废话,而一小部分是生存说明书。没有人愿意抱着说明书读,没有人会从说明书中读懂智慧。

但是,有的时候静下来,甚至有的时候跟老公两个人,静下来的时候,突然发现,自己不会说话了。不知道要说什么,很多想表达的东西,平时没有机会去表达的东西,却说不出来。

有一次,儿子上学,我老公刚好要去汉口办事,我也要去汉口选个窗帘,他就说顺路载我一程。我们坐在车里面,好久都没有二人世界了,但是竟然就两个人一直沉默,比跟陌生人都尬,我都尬得手心出汗。到了地方,他把我放下来,我推开车门一瞬间,长出一口气,"终于到了!"

其实,这一路上,我并不是没有想说的话,我也想聊聊感情啊,对生活的感悟啊,他最近的想法啊。但是,就是不知道怎么说出来,好像老夫老妻,一聊什么生活以外的,就很怪异。

但是,这很奇怪吧,你每天说很多话。可最终你想说的话,你反而说不出来。

偶然的机会,徐燕接触到社区妈妈们组织的读书会。当时,徐燕害怕见人,害怕交际,但是她知道,自己这样总憋在家里，人会退化得更厉害，再不走出去人真的会彻底"失语"，徐燕就给自己打了气，扫个微信报了个名。

从"自助"到"助人"

读书会内容很丰富，育儿主题，健康主题，财经主题，徐燕报了一个自我提升的主题，她从学会表达开始。

读书会邀请的嘉宾也是一位全职妈妈，孩子上了小学后，自己做了家长学校的讲师，通过自学，学组织语言，学表达，学讲课，已经成为家长学校的三星讲师了。

参加读书会成为徐燕重新开始学习的起点。她给自己订的小目标是当社区读书会的带读妈妈。

当带读人第一条过硬的素养就是表达，要把看过的书概括出来，并且介绍给其他人。一开始，徐燕语言组织常常遇到困难，对于书中情绪的描绘和逻辑的捕捉能力都有限，刚开始参与读书会的时候，表达个什么想法，总是用"你们都知道的""就是那种，你们也明白啦"来代替自己要表述的内容。伴随读书会，一期、两期、三期，一个星期、两个星期、一个月、两个月……徐燕开始有了更为精准和细腻的表达，能够将自己体会到的情感、思考用较为复杂的词汇传达出来。

伴随语言能力的成长，徐燕开始学会自我察觉，学会用语言表述的方式来察觉情绪，并且控制情绪，学会用他人立场去观察自己，并且去观察别人。

徐燕说："我有那种很明显的成长的感觉，功利地讲，读书让我学会很多东西，我的很多困惑都是通过读书会解答了。然后，另一方面，就是沟通，在读书会中间，我首先要将自己要表达的讲出来，要有条理地讲，讲得有内容。其实，前几次讲，我讲得很不好，因为我没有消化和思考。慢慢地，我开始对书，还有我个人的状态进行思考，有一个对表达内容的整理，越整理，越清晰，表达也越清楚，越能吸引到别人。所以，说话其实是一种思考，这真的对我是个锻炼。"在简书中，徐燕通过一个个细节来记录她的变化。

现在，我就很少用命令的语气去跟孩子、老公说话，而是用陈述语气，去表达一个完整的想法，让他们能够同理到我的立场，他们真的就更愿意配合我。一个小事，就是我孩子总喜欢丢三落四，出门忘了东西，就闹，让我回去取，我也很气。以前就会吼，出门前吼，出门后吼。后来，有一次他出门，他忘记戴红领巾，我也不说话，出门后，我送他的路上，就跟他讲："你红领巾忘戴了。"他刚要跳脚，我说："每个人要为自己负责，妈妈有自己需要记住的事情，你也有自己要记住的事情，你忘记东西，害怕老师批评，但还是记不住，就是因为你把你的责任转移到妈妈身上。妈妈现在不会接住你的责任了，你需要自己有记性。你遇到事情，我们一起想办法，我要扮演你的顾问，而不是你的保姆。比如，今天这件事情，怎么处理呢？我们一起想办法。"

后来，我们共同想到一个办法，我给他出一块钱，在校门口买一条红领巾，晚上，他帮助我刷碗，赚到一块钱，算是还给我。

徐燕不仅完成了她的小目标——做一名社区读书会的带读人，而且还实现了自己的"大目标"——成为家长学校的一名讲师。其实，成为家长学校的讲师并不容易，要通过考试、考察、面试、试讲几个关卡，徐燕"打通关"才实现了这个梦想。

徐燕现在的状态回到了"学生时代"，为了备课，她要学习；为了答疑解惑，她要学习；为了拓展知识内容，她还要学习。

徐燕笑着说："奇怪的是，以前我学习是为了实现目标，而现在，实现目标是为了学习。跟小时候刚好相反，我天天学习，还特别开心。"

全职妈妈/写作者

由全职引发的不平等，其实我早年也经历过。那些年，宴会时别人介绍我：她是全职妈妈，就在家里带小孩的。遇到情商高的，会调整表情，赞赏几句。还有的就比较直白了，你都不上班，年纪轻轻就图安逸。

那些带着道德闪电的声音和真实的不屑蔓延开来。有些好为人师的，带着一种不愿意接纳我的状态开始劝我。

你蛮娇气吧？你怎么不上班？

那会儿我们的时代背景还是《我的前半生》，我想大家自动代入我就是那位罗子君吗？那些年，我在工作岗位上一点也不输职场人士啊。毕竟，你们只有8小时工作，5点以后的加班可是有加班费的。我全天工作，保洁、保姆、育儿、母乳、看护、陪玩。360°全方位，全年无休，还无人替代，丧失了基本的社交。然而，我却成了职业歧视链的底层。虽然我内心像有一百只大白兔呼啸而过，现实里我却保持沉默。

我所遭遇的，何尝不是大多数全职妈妈所遭遇的状态。被踩低、被冒犯、被轻视。我很纳闷，我只是尽一位妈妈应有的责任和义务，好好培养自己的孩子。怎么就成了捧高踩低的后者了呢。

我只是和自己的先生做好家庭分工，他前方挣钱，我负责后勤和家庭运营。怎么就变成我没上班了呢？

以上这段文字出自全职妈妈子金的个人公众号。

子金全职六年，全职前她是位网页设计师，工作压力大，为赶任务天天熬夜。子金说："'996'这个话题现在炒得很热，我当时上班的时候，人手又少，为了赶项目，我曾经一周只睡7个小时。我老公，当时还是我的男朋友，陪我加班到凌晨两三点再送我回家是常有的事。"

子金这份工作实在不适合婚育，33岁那年，她与老公贷款买了郊外的别墅，开启了全职待孕的生活。

从待孕到当妈，子金一直没有找到"重出江湖"的动力，带娃的过程让她很享受，每天给儿子拍小视频，给小视频配上调皮可爱的"宝宝语录"，同样让子金很有成就感。

公婆不理解，父母不支持，朋友会劝她赶紧再去找工作。参加老公公司家庭团建日时，老公同事有的没的跟她推荐一些工作，"仿佛没有工作的成年人就不配活在世间"。子金说，"小时候被逼着学习，年轻时候被逼着结婚，现在人到中年，竟然还逃不脱这个被逼着的命运，找工作啥时候也要逼啦?!"

从一个普通人到逐渐把自己练成了网文写手，子金调皮一笑，说："不幸出诗人，愤怒出作家，吐槽是让我写下去的动力。"

当然，吐槽文只是子金的一个起点。子金喜欢看小说，尤其是武侠小说。小学迷武侠，古龙是心头好。上了大学，网络作家兴起，子金那个时候跑去网吧，旁边男生都是打游戏，她则是看小说。

职场中断了子金的小说瘾，但是，子金骨子里的侠肝义胆，脑子里的奇思妙想一点都没少。

儿子上了幼儿园，子金有了整块的时间，可以继续追武侠小说。不知道是自己成熟了，还是现在网络文学鱼龙混杂，"以前沉迷小说角色，追着角色顺着就看下去了。现在看的却是构思和写法,看到写得不合口味的,就自己代入作者角色,想想可以怎么写。"

文字构筑的世界

2020年春,武汉爆发疫情,一家三口隔离在家,老公分担了很多陪伴儿子的工作,为了缓解焦虑,子金开始了创作。

最开始冒出来的不是情节而是角色。我一直想塑造一个"复仇者"角色,有着复杂的身世和很多无奈之下的放弃,我也想借着角色去思考一个问题,人的自由其实有限,大多数时候,人都要背负着使命,"忍辱负重"是我很着迷去书写的状态。我喜欢宋代,就把角色放置在南宋的大背景下。

因为要构思角色,子金翻看了很多关于宋代的史书以及当时的工艺器物资料。一边积累,一边书写,子金把自己比喻成织女,梳理好一团团的线,就上织机,开始织出一片片,然后织出一段段。

武汉疫情爆发时,儿子幼儿园上不了了,老公工作也暂停了。儿子小,还不懂事,我们两个人跟当时所有武汉人一样,焦虑爆棚。每天刷到的新闻让人压抑,除了躲在家里之外,没有更好的办法。我开始给老公讲我的构思,就像讲故事一样，没想到，老公特别感兴趣，就催着我写，就这样，4月份我开始动笔了。

子金的老公成为她的第一个读者，"他是一个合格的读者，不仅点赞，而且还点评"。两个人经常聊到后半夜还脑洞大开，火花四溢，创作成为两个人的事情，子金仿佛回到了老公陪伴她加班的日子，子金用想象力构建起另一个世界，让他们在焦虑的氛围中能够得到心灵的喘息。

子金第一部仙侠小说连载到自己公众号中，获得了2.4万的"在看"量，也得到了好几个读者的"催更"。子金公众号的"吐槽体"文字也成了过去式，如今的子金成为编织仙侠传奇的创作者。

子金正在构思创作第二部作品，如果说第一部主题是"复仇"，那么第二部主题就是"报恩"。子金不知道是否能将"作家"放到"全职妈妈"的斜杠后面，不管怎样，精神世界的"生产"给了子金极大的满足。"生育生命最终要赋予他独立的价值，赋予他离开你的能力。当孩子转身离开的那一瞬间，总会给母亲留下不舍。但是，写小说不一样，写小说是生育一个属于自己的精神世界，这种快乐不伴随哀伤。"

子金通过文字给自己匹配了高标斜杠——"写作者"——用文字营造世界，回归平凡，文字本身对于更多人都具有治愈力量。子金通过家委会认识了财会出身的向桦，向桦很羡慕子金的写作能力，从进入高校到职场打拼，向桦一直都是与数字打交道,已经多年没有动笔的习惯,她问子金:"怎么办?我就是写不出来。"子金说:"你既然能说就能写,既然能思考,就能写,你想到哪里,就写到哪里。"向桦全职九年,抚育两个女儿,似乎生活再无挑战,也再无涟漪。结识子金后,向桦想给自己一个挑战,跟着子金学习写作。

向桦第一次写作,写了一个自己都觉得惨不忍睹的流水账,早上孩子不舒服,摸摸孩子的肚子,给量了体温,在床上赖了十五分钟,好不容易起来……写完最后一句话,终于凑够了2000字,一看时间,已经夜里12:35了。向桦将这个名副其实的流水账"作业"交给子金。子金看后说,其实你流水账中间有一些缝隙,可以停下来,回忆一下,补充你当时的情绪,或者是思考。比如,发现孩子不舒服,你着急吗?着急不能上学?还是着急孩子要忍受痛苦?你想出什么策略了吗?每次孩子生病,我们总是要在"鼓励坚强"还是"心疼自责"两极摇摆,你是这样想的吗?靠近哪一极?……

在子金的启发下,向桦的第二次"作业",加入了自己的想法。

到了"交"第三次作业时,向桦已经能够通过文字来将日常琐事进行一个梳理,并且在文字中形成自我表达。向桦在绿洲上开了一个号,把文字放在了别人可以浏览的地方。向桦说:"自从文字上传了之后,就好像有了一个潜在的读者群,我好像每天都要找点话题去说一说,慢慢地,写作竟然也上了瘾。"

现在，向桦的"绿洲"号上已经陆陆续续积累了20多万的文字。

（自从）我第一次写下文字，我就发现，我对生活开始有种审视，就是你在做的时候，不会盲目地下意识地做，而是会想，我为什么这么做？我做的理由是什么，以及我做的后果是什么。也会在遭遇一些场景的时候，想到其他人写下的东西，好像形成某种共鸣。比如，我有段时间忙，其实也没有特别忙，可能就是身体和情绪陷入低潮期，干什么都不太积极，做饭也是马马虎虎，一个香干肉丝，连续炒了三天，再煮一锅米饭，有点对付的感觉。女儿嘴馋，我就扔给她20块钱，让她买汉堡。我老公也没说什么，周末，他一早就出门，提回来一只土鸡，问我花胶在哪里？我还以为他说"花椒"，原来是要给我补身体的"花胶"。炖上了鸡汤，里面又放上我喜欢的芡实，做得蛮精心。做好后，还放在托盘上端给我。我嘴上没说什么，脸上肯定幸福满满，我特别有爱意地看了他一眼。

晚上，我在手机上写绿洲的时候，就写道：

我读过《爱的五种语言》，其中有一个叫"服务的行动"，当时，我并不很明白。直到爱人为我用心地煲汤，我才懂得，什么叫作"服务的行动"。爱不能停留在心里，需要一种服务对方的行动，让对方知道。爱同时也是一种呼应，我第二天用心做了他喜欢的蒸鱼。我喜欢苏格拉底的话"未经审视的生活毫无价值",就好像是对我们说的,现在写东西好像成为习惯了,用文字审视我的生活。

写作渐渐成为向桦的空间补给站,每天利用时间去反刍一天的过往。日子不再淡如白水,而是清如小溪,写作就是去溪边捡拾几块鹅卵石,或者观察几条小小的游鱼。文字让向桦感受到处于另一时空的放松,摒弃所有的繁杂,专注投入到一种"放空凝视"的状态。

谁都有选择的权利和自由

判断一个社会发展的程度,不仅要看这个社会的经济指标、人口就业率、城市化发展程度,人们选择的自由度也应该是衡量依据。在一个社会中,成年人可以根据实际情况和生活需要做出选择,而这个选择不必承担惨痛的代价,那么这个社会的发展程度应该不差。社会应该承担的义务是为她(他)提供基本保障,免除其可能遭受的经济风险,免除其后顾之忧,给予她(他)搭建一张"安全网",并且在她(他)身处危难之时,社会可以提供有效的法律和制度救助。扩大社会可能性选择,提供人们实践可能性生活的舞台,营造多元化生活的空间,人们可以在其中获得包容和支持的发展平台,我想这个社会不仅是发展的,而且是健康地发展着的。

反观当下，对于不少已婚女性而言，"可能性"或者说"选择的自由"对于她们而言仍显奢侈。无论她做出什么选择都要面临失去的风险，如果她选择职场，那么她将失去更多的与孩子相处的时间，失去相对充裕的时间安排，失去对家务精心打理的精力，降低生活品质；如果她选择全职回家，她则要失去一笔独立的收入，失去与社会的紧密互动，失去职场的支持力量，失去各种升职的机会。如果足够幸运，她有几位能分担育儿重担的老人，或者愿意在家务上伸手援助的优秀队友，女性可以减轻很多压力，职场与家庭的撕扯也不会非常严重，但是，这种概率事件只能可遇而不可求。

已婚女性所获得的支持途径如果只能来自家庭，那么她的支持网络注定脆弱，任何变故都可能使她们的生活如沙中行舟，行一寸则难重重。社会将所有的选择权抛给妈妈们，却不给她任何支持和缓冲，表面上她们自由地选择继续工作或者自由地选择退出职场，实质上，这两项与其说是选择，不如说在从一个很难的困境逃到一个不那么难的困境，甚至对于很多全职妈妈而言，选择是相反的，是明知道做全职妈妈更难，仍然选择了这条路。无论是留在职场还是回到家里，这些妈妈们都并没有把自己放在首位，对于正在抚育幼儿的妈妈来讲，孩子才是决定抉择的最终砝码。

对于已婚女性而言，最好的状态应该是既提供选择的自由，又为两种选择都提供保障，已婚女性，甚至包括男性在内，都可以基于个人和家庭需要进行选择，社会则提供兜底的保障，满足最为基本的安全，任何决定都不会让人们承受背水一战的后果。

我国的妇女解放运动完成了一半，我们应该重新回到七十年前，接续社会主义改造时期对于"家庭妇女"作用的承认，我们需要继续用行动完成这个未完成的"承认"，即承认她们的付出，承认她们对于劳动力生产和再生产过程中付出的劳动，承认她们直接和间接地为整个社会经济发展做出贡献，并且给予她们的付出和贡献以相应的报酬，提供可靠的保障。

因抱团而闪烁的生命光芒

在讨论成为全职妈妈起点的时候，我将全职妈妈处境比喻成伦理困境中那个桥上的"胖子"，当只有"胖子"躺倒在铁轨上才能阻止撞车悲剧发生的时候，妈妈往往就成了那个跳下桥梁的"胖子"。

行文至此，经过了卧轨般的磨砺之后，妈妈们已经借助血肉之躯将家庭引入正轨，妈妈们期待重新"起跳"，而这一跳，不是向下，而是向上。妈妈们需要一个"向上"起跳的跳台，需要一股向上推举她们的力量。

正如同样做过多年全职妈妈的前微软信息产品经理梅琳达·盖茨（Melinda Gates）所期盼的那样："我们的使命，是托起当今的女性——与此同时，为共同目标走到一起的我们，就是那股向上的力量。"

在我走入全职妈妈社群的这段时间里，我无时无刻都能感受到向上的力量。这些力量推动妈妈们寻找解决困惑的答案，推动妈妈们成为自己的老师，推动妈妈们去激发个人价值获得他人的需要，推动妈妈们去抱团互助，相互鼓励，给予彼此家以外的依靠。

在这种力量的推动下，全职妈妈们不再将"待在家里"视为一种荒废，而是把这段时间看做一段难得的长假，她们不放过任何一个探索的机会，也不错过任何一次成长的可能。

也许我把"力量"这个词用得太抽象，如果具象地进行表达，汇聚力量、孕育力量、发出力量的就是——"抱团"。我确实没有看到或才华出众或聪颖过人的个体，我看到力量的具象就是妈妈们彼此抱团，结成一个个社群的"她们"。

任丽和鲍菁是"童府妈妈学社"的发起人，两个人从线上结识，快速进入线下交流阶段。原本两个陌生人，共同话题太少，怎么办？就一起读书，怎么读？每周一章，一人读一段，读完了，聊点育儿焦虑，彼此劝慰一下，就各自回家。

鲍菁说："如果我穿越到五年前，看到坐在莱特咖啡馆里的我们，一人拿着一本书彼此尬读，我都会觉得，这俩人肯定有毛病。"

然而，她们坚持下来了，任丽写读后感，鲍菁写见面体验，定期在朋友圈发布读书会预告，从两个人，很快就变成了五个、九个、十二个。公益机构、图书馆、银行、社区与她们对接，邀请她们开展读书会，读书会从咖啡馆升级到了海豚书店的阅读馆、社区的活动中心……

活动内容也从读书拓展到了组织孩子们的活动，送课进家长学校，组织社区公益活动，开展游戏工作坊等等……

"本来以为走上了人迹罕至之路，没想到，这一路也是熙熙攘攘，好不热闹！……（因为）我坚信人要与人发生碰撞和连接，待在家里，女人就是妈妈、妻子，她不可能找到社会价值，只有走出家门，她才可能发挥社会价值，妈妈和妈妈在一起碰撞出来的火花，我都始料不及。"任丽语气平静，口吻却一如既往的坚定。

晓洋则说："我在家的时候，有的时候会看不到自己未来的样子，会很迷茫。参加（妈妈们的）活动时，我能实实在在看到自己拥有很多可能，心里踏实下来。"

妈妈们需要看见彼此，也需要被彼此看见，她们就这样相伴着，共同滋养。她们通过组织建立起人与人的连接，通过连接增加了个体生命的韧性，通过韧性支持下一阶段的探索，也通过探索确定了未来的可能，妈妈们因抱团而闪烁出了微光，照亮了自己黯淡的全职生活。

这种极具草根特质的妈妈社团还有很多，可谓星星之火。根据全国妇联口径的不完全统计，截至2018年，全国共活跃着30万左右的妇女社会组织，呼应着我们这个社会不断活跃着的公益氛围，女性通过群体建构将个体价值予以调动和发挥。这些社会组织有的确定了公益主题，有的则呈现出"童府妈妈学社"这种自我抱团、自我赋能的自组织特点，然后进行非主题性的公益输出。目前，童府妈妈学社所呈现的最显著特点是为全职妈妈进行再就业赋能，为全职妈妈提供再就业培训与信息输送。

德国全职妈妈支持组织建立在学校，由全职妈妈们（现在越来越多的全职爸爸也加入其中）组织而成的家委会除了辅助学校开展活动、支持子女教育外，还会面对自身群体开设各类型活动，实现再职业化教育。英国通过社会企业来支持全职妈妈群体再就业，为妈妈们再就业搭建平台，有一个组织叫"女人如是"（Women Like Us），专门为寻求再就业的全职妈妈提供职业培训和中介服务。2005年，身为全职妈妈的卡伦·马蒂森（Karen Mattison）和艾玛·斯图尔特（Emma Stewart）联手创办了这家机构，为全职妈妈们提供就业指导、就业培训和就业信息，主要是兼职工作和弹性工作。截至2013年，"女人如是"登记在册的女性超过3.6万人，已经和伦敦229所学校建立了合作关系，并且获得了英国工业贸易署、艾斯密·菲尔伯基金会、欧洲社会基金和伦敦卡姆登镇政府的资助。

当然，与专门从事全职妈妈赋能的机构又有所不同，童府妈妈学社的再就业培训往往目标指向性不强。走入学社的妈妈们需要经过一段时间去自我发现，再逐渐进行能力确认，慢慢地建立重新学习的方向，并且最终以再就业和兼职的方式，给自己加一个"斜杠"，通过输出价值实现自我价值。

目前已经全权运营"童府读书会"项目的方菲在一篇招募文案中写道：

上次有人说童府就是"挂羊头卖狗肉"，看似做各种五花八门的活动，其实内核却是在做最高级的教育：生活中做中学，让组织者和参与者都有所付出、有所获得。场景化、角色化输出和输入的循环，打通了一些深度参与其中的妈妈们的学习闭环，虽然最终只支持了极少数的一些人。但是效果是毋庸置疑的，惊喜地看到妈妈们和孩子们在一点点变化和成长，这个小小的生态环境可以不在外力的驱动下，自主地演化为不同的形态，发挥深远的影响。

"童府"妈妈们热衷于"挂羊头卖狗肉"，她们对于"获得认可"的热情远胜于"再就业"，因为只有感知到"获得认可"才能有勇气登上起跳台，而这个认可往往是来自于"团体"。妈妈们所感受到的赋能多为潜移默化，她们往往先相伴、再成长，她们恰恰被这种非功利性陪伴所吸引。"我第一次参加读书会活动，第一次感受到我不需要一定去做什么，倾听就可以了，这种感觉让我非常放松。"晓洋说。这个沉静寡语、第一次接受我的访谈甚至带些抑郁情绪的女子，半年后参加了一次童府的"游戏力工作坊"活动，整个工作坊面向孩子们设计，但是晓洋却是那个最受触动的：

游戏能够展现生命力，能够提供生命力成长的营养。当时带领我们的林老师有句话很好玩，"有趣才是正经事"，这句话我非常相信。我在游戏中，第一次开心地笑，第一次能够全身心地融入大家，笑仿佛是心灵的一次按摩。

在游戏力工作坊中，我把我全身心打开，把我所有的触角都伸展出来，欢笑、投入、绽放、吸收。

每次上完课都是意犹未尽，我在欢笑的同时，也一直在心里默念，这就是我要"投入的当下"，我一定要与游戏力发生更深层次的关系。

在游戏力工作坊中，我学到很多。一本正经的教育、劈头盖脸的批评都比不上与孩子做一次游戏。游戏能启迪，能引导，能给人力量，能化解冲突。在游戏中，家长与孩子一下子就能成为朋友。一个拥有游戏力的家长，一定是孩子的同盟。

结营的第二天，晓洋就报名参加了为期三周的"游戏力工作坊"导师培训项目，组建了自己的"亲子游戏工作室"。

晓洋的大眼睛弯成了两个月牙，咧着嘴笑着说："马老师，曾经觉得已经失去笑的功能，现在每天的状态是'微笑''大笑''狂笑'，整个人都很饱满。"

是的，这些妈妈们依托时代给予的支撑，依托组织化社团给予的能量，凭借自我的张力，开创出新的模样。那些曾经自以为"粉身碎骨"的"胖子"们，她们重新站立、起跳、飞翔了。她除了作为母亲和妻子，她还是伙伴、带读人和讲师，她们加诸自己的社会身份越多，她们获得托举的力量越大，她们越是轻盈，她们越发现远方更加辽阔。

尾　声

行文至此，这本书告一段落，然而，我和妈妈们的一期一会还将继续下去。我还是会和这些妈妈们一道，在琐碎生活第一现场记录下我们的烦扰与快乐，在负重前行的每一天寻找吐露轻盈的时刻，在为家人拔除冗杂磕绊之余期盼雀跃的机会。我还会通过全职妈妈群体不断审视性别视角下如何实现人与人之间平等，基于人类学比较视野来提醒整体社会环境是否可以给女性提供更多选择，以及思考赋能性社会组织如何更大程度上让女性受益。

波伏娃在《第二性》开篇说："这里并不是要陈述永恒真理，而是要描述每一个女人的特殊生存内在的共同实质。"

女性，尤其做了妈妈的女性，每个人拥有特殊的经历，又分享着最大公约数的相同。走近她们是欢愉的，描述她们是迷人的。

这样的工作，永远都可以持续。

马　威

2022.1

无论如何,我们要更爱自己。

你的心灵花园,你自己来描画吧。

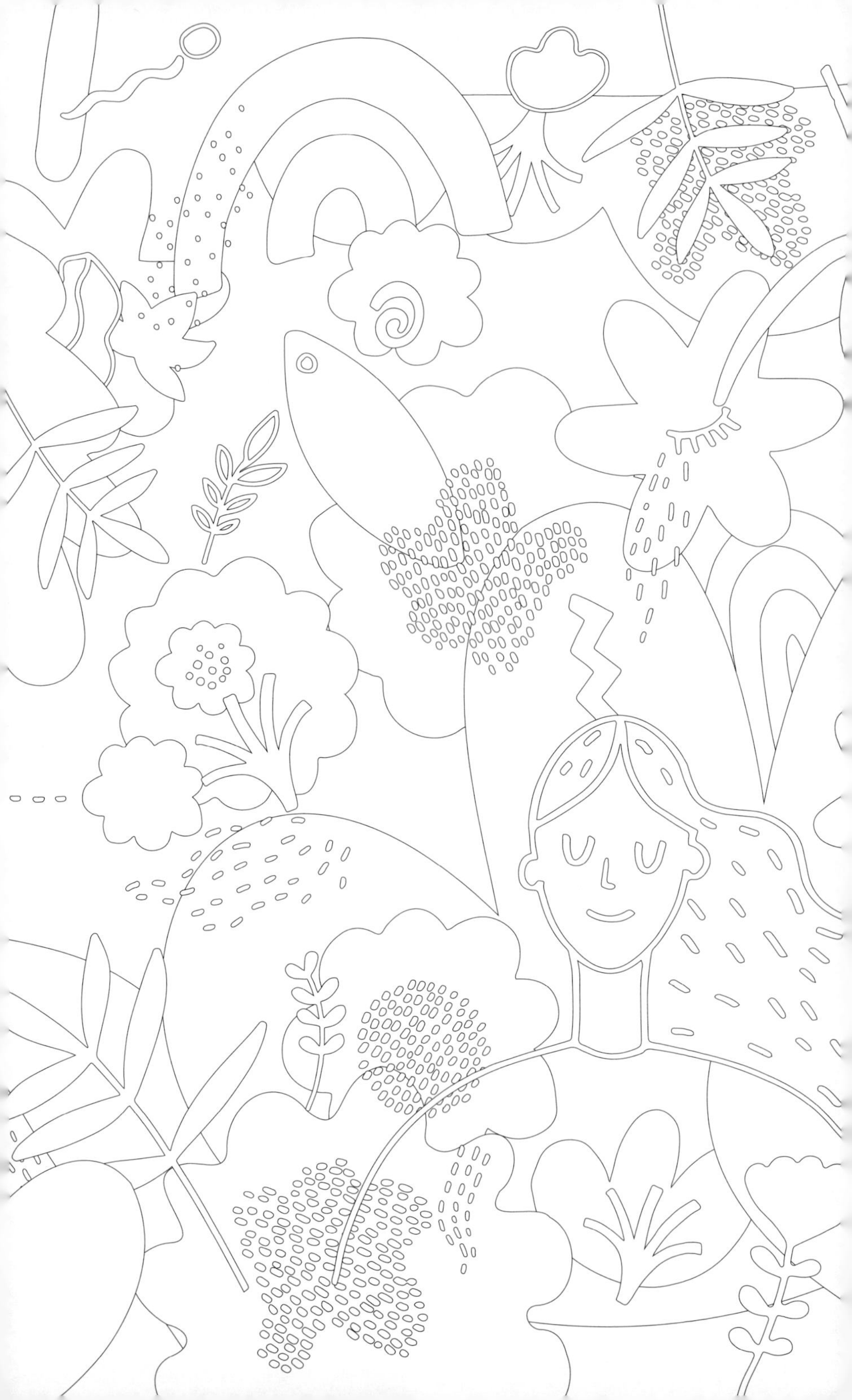

图书在版编目（CIP）数据

你的名字，不止是全职妈妈/马威著. -- 上海：上海文艺出版社，2022.1
（HER 她们的世界）
ISBN 978-7-5321-8033-2
Ⅰ.①你… Ⅱ.①马… Ⅲ.①妇女学－社会学－通俗读物 Ⅳ.①C913.68-49
中国版本图书馆CIP数据核字(2021)第135908号

发 行 人：毕　胜
策 划 人：杨　婷
责任编辑：汪冬梅
封面设计：袁银昌平面设计工作室　李　静
插　　图：视觉中国

书　　名：你的名字，不止是全职妈妈
作　　者：马　威
出　　版：上海世纪出版集团　上海文艺出版社
地　　址：上海市闵行区号景路159弄A座2楼 201101
发　　行：上海文艺出版社发行中心
　　　　　上海市闵行区号景路159弄A座2楼206室 201101 www.ewen.co
印　　刷：上海雅昌艺术印刷有限公司
开　　本：889×1194 1/32
印　　张：8.75
字　　数：175,000
印　　次：2022年2月第1版 2022年2月第1次印刷
Ｉ Ｓ Ｂ Ｎ：978-7-5321-8033-2/G・325
定　　价：58.00元
告 读 者：如发现本书有质量问题请与印刷厂质量科联系　T: 021-68798999